QUE FAIRE QUAND BÉBÉ PLEURE ?

*Vivre avec un bébé
aux besoins intenses*

QUE FAIRE QUAND BÉBÉ PLEURE ?

Vivre avec un bébé aux besoins intenses

Dᴿ William Sears
Martha Sears, inf.

LIGUE LA LECHE
12, rue Quintal
Charlemagne (Québec) J5Z 1V9
1-866-allaiter (1-866-255-2483)
514-990-8917
www.allaitement.ca

Révision :	Carole Pitre-Savard
Couverture :	Josée Simard
Infographie :	David Savard
	REAKTION
Photos :	La Leche League International
	Ligue La Leche

Édition originale : *The Fussy Baby*
© 2002,1985 par William Sears, MD
ISBN 0912500-88-3

Édition en langue française
© Ligue La Leche (Canada), 2006
Dépôt légal : 2e trimestre 2006
Bibliothèque nationale du Québec
Bibliothèque nationale du Canada
ISBN : 2-920524-14-3 (2e édition, 2006)
ISBN : 2-920524-04-6 (1re édition, 1991)

Remerciements

Nous désirons remercier les centaines de parents qui ont accepté de témoigner et ont ainsi contribué à la rédaction du présent ouvrage. Nous remercions également nos enfants qui, chacun par leur tempérament unique, ont fait de nous de meilleurs êtres humains. Nous adressons enfin un mot de reconnaissance à ces centaines de bébés aux besoins intenses que Bill a suivis à titre de pédiatre et dont nous avons tous deux beaucoup appris.

Table des matières

Avant-propos

J'ai passé de nombreuses heures à bercer un bébé incapable de se calmer ou de s'endormir, à marcher, à danser et à chanter en le tenant dans mes bras. Mon sixième bébé a été le plus difficile. À cette époque, j'avais déjà acquis de l'expérience avec les bébés et je pouvais fort bien les réconforter. Je croyais savoir exactement comment calmer et dorloter n'importe quel bébé. Ce fut donc un choc pour moi de voir que ma fille se cambrait et hurlait même après l'avoir allaitée, avoir inspecté sa couche et ses vêtements pour vérifier si quelque chose la blessait, l'avoir allaitée de nouveau, enveloppée, puis déshabillée et tenté encore de la remettre au sein. Rien n'y faisait. Elle continuait à hurler alors que je dansais et la promenais dans mes bras, la sortais dehors et la ramenais ensuite à l'intérieur. Ce fut une période frustrante autant pour elle que pour moi. Le médecin m'assurait qu'elle était en bonne santé. Je ne comprenais pas ce qui se passait. Pourquoi était-elle si maussade ?

Le docteur Bill Sears a écrit ce livre dans le but d'aider les parents à traverser des périodes éprouvantes comme celle que j'ai décrite. Il explique que les pleurs d'un bébé constituent un des cris humains les plus puissants et qu'ils déclenchent une forte réaction chez tous ceux qui les entendent. C'est un cri que, comme la plupart des parents, je m'empressais d'essayer d'apaiser. Toutefois, lorsque nos efforts pour consoler un bébé échouent, nous nous sentons contrariés, en colère et malheureux.

Le docteur Sears décrit en détail des façons d'interagir avec un bébé difficile. En le décrivant plutôt comme un bébé aux besoins intenses, il nous aide à le comprendre. Il conseille vivement aux parents d'adopter une attitude positive envers leur bébé maussade et de former des liens d'attachement solides avec lui. Les récompenses viendront. Comme il le dit lui-même : « Le bébé qui a un fort lien d'attachement à sa mère et qui grandit dans un environnement chaleureux se développe mieux sur les plans intellectuel et moteur. »

Pendant leurs années d'études, les médecins en apprennent beaucoup. Ils en apprennent toutefois davantage sur les êtres humains à travers leur propre expérience de vie. Le docteur Sears est pédiatre et père. Ceci, en plus des liens étroits qu'il entretient avec les parents de ses patients, lui a fourni les connaissances et la formation nécessaires à la rédaction de cet ouvrage. Il trace le portait du bébé difficile et nous explique pourquoi il est ainsi. Il aborde également le rôle du père du bébé aux besoins intenses, le rôle des parents la nuit, leurs sentiments par rapport à la sexualité, leur relation de couple et la façon dont un bébé maussade influe sur eux et le reste de la famille.

Les bébés aux besoins intenses deviennent souvent des bambins aux besoins intenses. L'approche du docteur Sears concernant la discipline et le développement de la confiance et de l'estime de soi peut également aider les parents à traverser ces périodes difficiles. En guise de conclusion, la touchante histoire de Jonathan complète bien le tout. Vous aimerez lire cette histoire qui vous permettra de vous voir, vous et votre bébé, sous un jour nouveau.

On demande souvent aux parents si leur bébé est un « bon bébé ». La plupart des gens ne font pas de distinction entre « bébé facile » et « bon bébé ». « Bon » peut avoir différentes significations. Quelquefois, être un « bon bébé » peut vouloir dire être éveillé et curieux de tout, à chaque instant, afin de se développer dans tous les sens à la fois. Un jour peut-être, votre enfant aux besoins intenses deviendra-t-il un génie ou un personnage important ? Pour l'instant, votre amour, votre patience et votre compréhension contribuent à son plein épanouissement.

Betty Wagner Spandikow

Mère fondatrice
La Leche League International

Préface

Un bébé difficile peut faire ressortir le meilleur et le pire de ses parents. Ce livre a pour but de faire ressortir le meilleur.

Très tôt dans ma pratique en pédiatrie, j'ai constaté (moi, Bill) que les bébés maussades étaient souvent mal compris. On les qualifie de difficiles ou d'exigeants. Les mères me demandaient : « Pendant combien de temps dois-je laisser pleurer mon bébé ? Puis-je le prendre dès qu'il pleure ? » ou « Est-ce bien de porter mon bébé en tout temps ? Vais-je le gâter ? » Ces questions me laissaient perplexe. Couramment, en matière de soins parentaux, on suggérait de laisser pleurer le bébé, mais je n'étais pas à l'aise avec ce conseil. Il me paraissait injuste tant pour la mère que pour le bébé. C'est alors que j'ai compris qu'en raison de l'amour intense qu'éprouve une mère pour son enfant, celle-ci est particulièrement vulnérable. Le conseil de laisser pleurer le bébé déconcertait les mères.

Lorsque nous avons commencé à étudier les raisons qui poussent les bébés à être maussades, je suis parti de l'hypothèse que les bébés agissent comme ils le font parce qu'ils sont faits pour agir ainsi. L'intuition maternelle de Martha lui disait qu'il devait y avoir une raison derrière le caractère maussade de nos bébés et nous avons convenu que les mères de bébés difficiles avaient besoin de conseils qui ne contredisaient pas leur intuition.

Dans cet ouvrage, je partagerai avec vous ce que j'ai appris au cours de consultations auprès de plusieurs centaines de parents de bébés difficiles. Nous vous ferons également part de ce que nous avons appris de notre propre expérience de parents d'un bébé aux besoins intenses, un bébé qui est devenu aujourd'hui une jeune femme heureuse et épanouie.

Vous trouverez, tout au long de cet ouvrage, des conseils pratiques sur les façons de calmer le bébé maussade de même que des témoignages de parents qui ont connu ce type de bébé et qui ont survécu. Vous découvrirez également de l'information vous permettant de mieux comprendre votre bébé maussade. Vous apprendrez pourquoi les bébés sont difficiles, comment réagir et pourquoi il est important de reconnaître le tempérament unique de votre bébé dès ses premiers instants de vie. Nous verrons également quelle influence le tempérament du bébé a sur votre style parental et comment la façon dont vous répondez à ses besoins peut influer, pour le meilleur et pour le pire, sur le développement de sa personnalité.

Nous espérons que la lecture du livre *Que faire quand bébé pleure?* permettra aux parents de mieux comprendre leur enfant aux besoins intenses et de l'aider à se sentir bien. Nous espérons également qu'il permettra aux parents, ainsi qu'aux enfants, de s'apprécier les uns les autres. Ces bébés particuliers ont besoin de soins particuliers. Les bébés aux besoins intenses s'habituent à un niveau de vie et d'amour plus élevé.

Dr William Sears

Martha Sears, inf.

Chapitre 1

Portrait d'un bébé difficile

« Impossible à contenter, voilà ce que tu es ! » chantonnait une mère fatiguée à son bébé maussade pour le consoler, lors de leur rituel de fin d'après-midi. Cette mère était capable de verbaliser ses sentiments en chantant et en faisant des blagues, ce qui leur permettait, à elle et à son bébé, de traverser les périodes plus éprouvantes de la journée.

Plus tard, cette même mère m'a demandé : « Pourquoi mon bébé est-il ainsi ? Les autres mères ne passent pas des heures et des heures à allaiter leur bébé et à le promener. Pourquoi ai-je autant de difficultés avec le mien ? Y a-t-il quelque chose que je fais de travers ? » Ces questions, des milliers d'autres nouvelles mères se les posent. Elles se sentent dépassées par les demandes incessantes de leur bébé difficile, mais, en même temps, un amour indéfectible les pousse à continuer de réconforter et de materner leur bébé dans le besoin.

Dès les premiers jours ou les premières semaines suivant la naissance, les parents commencent à se faire une idée du tempérament de leur bébé. Certains parents ont la chance d'avoir un bébé qu'on appelle « facile ». D'autres ont la chance d'avoir un bébé qui n'est pas si facile et que l'on qualifie de diverses façons : bébé à coliques, épuisant, exigeant, maussade ou difficile. Le terme « difficile » est quelque peu injuste. Il implique que les demandes du bébé sont excessives ou déraisonnables ou que la mère qui qualifie ainsi son bébé est sans cœur ou incompétente. Il y a quelque chose qui ne tourne pas rond chez le bébé ou chez ses parents. Au lieu de qualifier ce type particulier de bébé de « difficile », je préfère dire qu'il est un « bébé aux besoins intenses ». Non seulement cette expression est-elle plus objective et nuancée, mais elle décrit également plus précisément les raisons pour lesquelles ces bébés agissent comme ils le font et l'approche parentale à adopter avec eux.

Caractéristiques du bébé aux besoins intenses

Les bébés aux besoins intenses ont certains traits de personnalité en commun. Toutefois, ils ne manifestent pas nécessairement tous ces comportements tout le temps. D'après mon expérience, bon nombre de bébés démontrent certains de ces traits au début de la petite enfance. Le fait qu'un bébé soit décrit ou non comme étant un bébé aux besoins intenses dépend à la fois du degré de manifestation de ces traits et de la perception qu'ont les parents de la personnalité de leur bébé. Voici comment les parents m'ont décrit leur bébé aux besoins intenses :

Hypersensible

Le bébé aux besoins intenses a une conscience aiguë de son environnement. Les bruits et les distractions le font facilement sursauter durant le jour et rendent son sommeil agité durant la nuit. « Facilement inquiété » disait une mère pour décrire son bébé sensible. Ce type d'enfant réagit promptement et est facilement dérangé par tout changement qui menace la sécurité de son environnement. Cette sensibilité transparaît souvent dans ses réactions face aux personnes qui en prennent soin et avec qui il n'est pas familier. Il est très anxieux face aux étrangers. Bien que les parents puissent trouver cette hypersensibilité épuisante au début, elle peut se révéler un atout plus tard. L'enfant aux besoins intenses a tendance à être plus curieux et plus conscient de son environnement.

Intense

Le bébé aux besoins intenses a des comportements excessifs. Il pleure fort, rit à gorge déployée et proteste vivement si ses « repas » ne sont pas servis sur-le-champ. Il semble ressentir les choses plus profondément et réagit plus fortement. « Son moteur tourne toujours à plein régime » faisait remarquer un père fatigué.

Le bébé aux besoins intenses proteste vigoureusement lorsque quelque chose ne lui plaît pas, mais il est aussi capable de s'attacher à ceux qui en prennent soin. Le bébé qui réagit fortement si on le sépare de ses parents agit ainsi parce qu'il s'est fortement attaché à eux. Ce lien étroit aidera les parents dans les mois et les années à venir puisqu'il leur permettra de guider et d'influencer le comportement de leur enfant.

Exigeant

La mère d'un bébé aux besoins intenses se plaignait souvent : « Je ne réussis jamais à lui répondre assez vite.» Ce type de bébé communique un véritable sentiment d'urgence aux signaux qu'il envoie. Les « alertes rouges » dominent son répertoire de pleurs. Il ne supporte aucun retard et n'accepte pas facilement les solutions de rechange. Ainsi, s'il reçoit un hochet alors qu'il souhaitait être allaité, il refusera d'être distrait. Ses pleurs iront en s'intensifiant ; il protestera parce qu'il a été mal

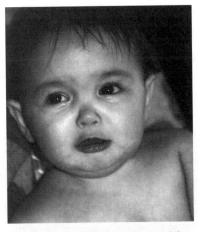

Le bébé aux besoins intenses fait savoir à ses parents quels sont ses besoins.

compris. Le bébé aux besoins intenses a besoin d'être exigeant. C'est un trait positif et nécessaire chez lui. C'est ce qui lui permet d'obtenir le niveau de soins dont il a besoin pour développer son plein potentiel.

Impossible de le déposer

Le bébé aux besoins intenses a grand besoin de contact physique. Les nouveaux parents s'attendent souvent à ce que leur bébé demeure étendu calmement dans son berceau ou reste assis passivement à observer son nouveau mobile ou les gens qui l'entourent. Un tel portrait est loin de correspondre au bébé aux besoins intenses (ou à la plupart des bébés). Ce type de bébé a la réputation de ne pouvoir rester seul. Les mères me disent : « Il est incapable de se détendre seul. » Les genoux de sa mère lui servent de siège, ses bras et sa poitrine de lit et ses seins le consolent. Il refuse souvent catégoriquement tout autre substitut inanimé.

Toujours actif

« Impossible de le faire asseoir le temps d'une photo ! » disait un père, photographe de son métier, à propos de son bébé aux besoins intenses. « Son moteur n'a qu'une vitesse : plein régime !» s'exclamait un autre. Chez ce type de bébé, une activité motrice constante va de pair avec l'intensité et l'hypersensibilité de sa personnalité.

Le bébé aux besoins intenses met en valeur le meilleur côté de ses parents.

Épuisant

Inévitablement, les parents avoueront : « Il m'épuise. » Le bébé aux besoins intenses draine toute l'énergie physique, mentale et émotionnelle de sa mère et de son père.

Il n'aime pas se blottir

Contrairement à la plupart des bébés qui se laissent facilement aller dans les bras ou sur les épaules de ceux qui en prennent soin, le bébé aux besoins intenses arque souvent le dos, raidit les bras et les jambes, protestant ainsi contre toute tentative de lui faire adopter une position confortable et détendue. Cette raideur musculaire s'appelle hypertonie. « C'est comme s'il y avait des câbles tendus en lui » expliquait une mère. Cette raideur, associée à l'hypersensibilité, pousse certains bébés à éviter les contacts physiques étroits. Le bébé résiste s'il se sent entravé et il est plus à l'aise s'il est maintenu à distance ou s'il ne vous fait pas face. Lorsqu'il est nouveau-né, ce bébé déteste souvent se faire emmailloter. Il veut bien être avec un de ses parents, mais il veut également contrôler la façon dont on le prend.

Insatisfait et imprévisible

Il n'est pas possible d'apaiser le bébé aux besoins intenses de la même manière d'une fois à l'autre. Souvent une méthode efficace un jour ne l'est plus le lendemain. Comme le faisait remarquer une mère épuisée : « Juste au moment où je pense avoir gagné la partie, mon bébé change toutes les règles du jeu. »

Il veut téter tout le temps

L'expression « horaire de repas » ne fait pas partie du vocabulaire du bébé aux besoins intenses. Il a souvent besoin de longues périodes de tétée non nutritive, simplement pour le réconfort, et il prend du temps à être sevré.

Il se réveille souvent

Ces bébés super-éveillés ne se calment pas aisément. Ils se réveillent fréquemment et récompensent rarement leur mère de longues siestes qui, pourtant, seraient les bienvenues. « Pourquoi ces bébés ont-ils de plus grands besoins que les autres pour tout, sauf le sommeil ? » se lamentait une mère fatiguée.

Les résultats

Tôt dans la petite enfance, les traits de caractère des bébés aux besoins intenses semblent surtout avoir une connotation négative. Toutefois, au fil des mois, les parents qui acceptent le tempérament de leur bébé et qui répondent à ses besoins commencent peu à peu à voir leur bébé sous un angle différent et à utiliser un plus grand nombre de qualificatifs positifs pour le décrire, tels que stimulant, intéressant et brillant. Ces mêmes qualités qui, au début, apparaissaient comme un handicap ont de bonnes chances de se transformer à la longue en atout pour l'enfant et sa famille, à condition que les signaux émis par le bébé soient décodés et que les parents y répondent de façon appropriée au cours des premiers mois. Le bébé aux besoins intenses pourra alors devenir un enfant créateur, sensible et compatissant. Avec le temps, le petit « preneur » pourra devenir un grand « donneur ».

Ne vous hâtez pas de prédire le type de personne que deviendra votre enfant plus tard. Certains bébés difficiles changent complètement de caractère en grandissant. Règle générale, cependant, les besoins de ces bébés ne diminuent pas, ils ne font que changer.

Qu'en est-il pour vous ?

Le tempérament du bébé influence le tempérament des parents ; tel est l'un des principaux thèmes de ce livre. Dans les chapitres qui vont suivre, je parlerai de la façon dont un bébé aux besoins intenses peut mettre en valeur le meilleur côté de parents responsables.

CHAPITRE 2

Pourquoi le bébé est-il maussade ?

« **P**ourquoi mon bébé est-il si maussade ? Pourquoi refuse-t-il que je le dépose ? » se demandait une mère aux bras épuisés à force de transporter constamment son bébé aux besoins intenses. Ne pas savoir pourquoi leur bébé est maussade : voilà l'un des sentiments les plus frustrants pour les parents. Dans le présent chapitre, je souhaite informer les parents sur les raisons qui poussent les bébés à être maussades et sur la façon dont le bébé et ses parents s'influencent mutuellement.

Comment se forme le tempérament du bébé

J'utilise le terme « tempérament » pour décrire la disposition naturelle, innée, distincte d'un bébé, c'est-à-dire la façon dont son cerveau et son corps sont reliés à son comportement. Avec le temps, les réactions de l'enfant face à son environnement et l'influence que celui-ci exerce sur l'enfant interagissent pour former sa personnalité, qui est l'expression de son tempérament profond.

Nature contre culture

Pendant des siècles, les psychologues et les philosophes ont débattu de la question de la nature contre la culture, à savoir si c'est l'hérédité ou l'environnement qui détermine principalement la personne que nous devenons. Aujourd'hui, la plupart des spécialistes du comportement admettent qu'un enfant n'est pas une toile vierge sur laquelle les parents peuvent inscrire un ensemble de règles qui amèneront l'enfant à se comporter de la façon qu'ils désirent. La nature innée de l'enfant, qui est en grand partie déterminée par la biologie, influence grandement sa personnalité. De même, des études ont démontré que le type de soins et la stimulation que le bébé reçoit au cours de sa première année de vie influencent le développement de son cerveau. Une stimulation adéquate et des soins attentionnés favorisent la formation de meilleures voies neurologiques dans le cerveau. Ainsi, le tempérament, bien qu'important, peut certainement être modifié par son environnement, particulièrement par la qualité et la quantité des soins maternels et paternels. Une des principales prémisses du présent ouvrage est que l'environnement dans lequel vit un enfant aux besoins intenses peut influencer, positivement ou négativement, son tempérament et sa personnalité.

La qualité de l'adaptation

Le principe de la qualité de l'adaptation décrit l'une des influences les plus importantes sur le tempérament d'un enfant. En vertu de ce principe, la manière dont un bébé ou un enfant s'adapte à son environnement affectera, positivement ou négativement, le développement de sa personnalité.

Un nourrisson vient au monde doté d'un tempérament surtout déterminé par l'hérédité, mais également influencé par le milieu utérin. Pendant la vie fœtale, le bébé est parfaitement adapté à ce milieu où la température est constante et où ses besoins nutritifs sont automatiquement satisfaits. C'est un environnement de totale satisfaction, généralement libre de tout stress (quoique l'état émotif de la mère puisse avoir un certain effet sur le tempérament du bébé). Le bébé voit ses besoins comblés sans qu'il n'ait rien à faire et la vie intra-utérine est hautement prévisible.

Les parents procurent au bébé maussade ce dont il a besoin pour s'adapter à son environnement après la naissance.

La naissance vient subitement changer le tableau. L'environnement bien organisé de l'enfant avant sa naissance fait place à un tout nouveau monde. Au cours des premiers mois, le bébé tente de retrouver ce même sentiment de sérénité que lui procurait le milieu utérin, mais désormais il doit faire quelque chose pour que ses besoins soient comblés. Il est forcé d'agir, d'avoir des « comportements ». S'il a faim, il pleure. Il doit fournir un effort pour obtenir ce dont il a besoin de son environnement. Si ses besoins sont simples et qu'il peut les satisfaire facilement, on dira que c'est un bébé facile. Par contre, s'il ne s'adapte pas aisément à ce qu'on attend de lui, qu'il pleure et proteste, on dira que c'est un bébé difficile. Un bébé devient maussade lorsqu'il est insatisfait du niveau de soins qu'il reçoit. Un bébé maussade se résigne difficilement à un niveau de soins inférieur. Lorsque les parents se montrent plus attentifs, le bébé est moins maussade (Dihigo, 1998).

La barrière contre les stimuli négatifs

Pourquoi le bébé maussade s'adapte-t-il plus difficilement à son environnement après la naissance? Une des raisons, c'est que la barrière contre les stimuli est encore immature chez ce type de bébé, ce qui signifie qu'il est incapable de bloquer les stimuli négatifs aussi facilement que d'autres bébés. Ainsi, certains bébés bloquent les stimulations excessives comme le bruit de l'aspirateur ou une lumière trop vive, en s'endormant. Bon nombre de bébés détournent la tête de façon instinctive lorsqu'ils en ont assez de la jasette d'une tante envahissante. Ces bébés savent se protéger d'un excès de stimuli. Les bébés difficiles sont moins aptes à bloquer les stimuli qui les dérangent. Ils ont connaissance de tout et ils sont maussades parce que c'est leur manière d'alerter les autres au fait qu'ils ont besoin d'aide pour gérer cette « surstimulation ». Ils s'adressent à ceux qui en prennent soin afin qu'ils leur servent de barrière contre les stimuli négatifs et les aident à ignorer les images et les bruits qui les perturbent dans leur environnement.

La nostalgie de la vie intra-utérine

Un bébé peut également être maussade à cause de ce que j'appelle la nostalgie de la vie intra-utérine. La capacité d'éprouver de la satisfaction dépend largement de la capacité de s'ajuster aux changements. L'univers du bébé à naître est une suite d'expériences sans heurts dans lequel il est constamment bercé par les sons et les mouvements de sa mère et où ses besoins sont comblés de manière constante et automatique. La naissance et les premières semaines d'ajustement à la vie hors de l'utérus peuvent faire monter à la surface des tendances vers un tempérament difficile. Son nouvel univers ne ressemble en rien au milieu utérin et est bien moins prévisible. Le nouveau-né voudrait pouvoir se sentir bien, mais il est incapable de se détendre en raison de toutes ces nouvelles sensations étranges. Lorsqu'il est maussade, le bébé est en train de dire : « Je devrais me sentir bien, mais ce n'est pas le cas et je ne sais pas quoi faire. » Le bébé a besoin que quelqu'un intervienne et lui donne ce dont il a besoin pour retrouver sa sérénité. Les parents aident le bébé à retrouver le sentiment de bien-être qu'il éprouvait avant sa naissance. Ce faisant, le bébé apprend ce qui lui fait du bien et, avec le temps, il saura comment s'aider lui-même.

Le concept du niveau des besoins

Le concept du niveau des besoins offre une autre explication pour justifier le caractère difficile de certains bébés qui viennent au monde avec de plus grands besoins que d'autres. Leur mère dit d'eux qu'ils ne semblent jamais satisfaits. Les bébés difficiles ont besoin de beaucoup d'attention pour se sentir confortables, bien nourris et reposés. Heureusement, pour ces bébés, leur caractère maussade constitue un système d'alarme qui leur permet d'obtenir ce dont ils ont besoin de leurs parents. Ces bébés sont très exigeants et, croyez-le ou non, il s'agit d'un trait positif. Un bébé qui aurait des besoins intenses, mais qui ne posséderait pas la capacité de les communiquer verrait sa survie menacée. De plus, son estime de soi, qui est en émergence, serait également en danger puisqu'il finirait par croire qu'il ne peut obtenir des autres ce dont il a besoin. J'ai la conviction que le bébé aux besoins intenses est programmé pour être un bébé exigeant.

L'exemple le plus courant de comportement exigeant chez le bébé aux besoins intenses est celui où le bébé « pleure chaque fois qu'on le dépose ». Avant sa naissance, le bébé avait le sentiment de ne faire qu'un avec sa mère. Après la naissance, il ne se sent toujours pas une personne distincte et il a encore besoin d'être en symbiose avec sa mère. Il a besoin d'être près de sa mère, de la sentir bouger, d'entendre sa voix, de sentir sa respiration et d'être dans ses bras. Lorsque la mère tente de le déposer, il proteste. Ce type de bébé ne sait pas comment se calmer seul et réclame un contact constant avec sa mère. Si on lui répond et qu'on satisfait ses besoins, il s'adaptera plus facilement à son environnement. Il apprendra à fonctionner seul à son propre rythme et deviendra un « meilleur » bébé.

Que se passe-t-il lorsque les besoins du bébé ne sont pas comblés parce qu'on n'a pas répondu à ses demandes? Un besoin qui n'a pas été comblé ne disparaît jamais entièrement, mais provoque un stress intérieur qui, tôt ou tard, se manifestera sous forme de comportement indésirable tel la colère, l'agressivité, le retrait ou le rejet. Le bébé qui vit ces sentiments ne se sent pas bien et, par conséquent, n'agit pas bien. Il est moins agréable pour les parents de s'occuper d'un bébé qui n'agit pas bien et un fossé de plus en plus grand se creuse entre le bébé et ses parents. Les parents deviennent moins habiles à donner et le bébé devient moins motivé à signaler ses besoins. C'est la relation parent-enfant tout entière qui se détériore.

Le bébé qui a mal

Certains bébés pleurent et sont maussades parce qu'ils ont mal. Je crois qu'il serait faux de balayer du revers de la main ce type d'inconfort en disant qu'il ne s'agit que de coliques. Si le bébé ressent de la douleur, il faut en chercher la cause. Des parents attentifs et attentionnés aideront le bébé à surmonter ses inconforts tout en essayant, avec l'aide du pédiatre, de comprendre ce qui ne va pas. Au chapitre 5, vous trouverez plus d'explications sur les causes des coliques et les façons d'y remédier.

L'importance des soins attentifs et affectueux

Le bébé aux besoins intenses est maussade surtout à cause de son tempérament et non à cause de l'incompétence maternelle. Le bébé est maussade parce qu'il doit l'être pour s'adapter. Toutefois, la réponse qu'il reçoit de ses parents joue un rôle dans l'évolution de son tempérament exigeant : elle détermine s'il acquiert des traits de personnalité désirables ou indésirables.

Arrêtons-nous un instant sur les concepts de la qualité de l'adaptation et du niveau des besoins et mettons-nous à la place du bébé. Un bébé aux besoins intenses qui tente désespérément de s'adapter à son environnement peut opter pour l'une des deux attitudes suivantes :

• Il peut devenir maussade et le demeurer jusqu'à ce qu'il reçoive le niveau de soins dont il a besoin.

• Il peut démissionner et se contenter d'un niveau de soins inférieur. Il pourra souffrir alors de ce que j'appelle les troubles du repli sur soi : le retrait, l'apathie et un retard dans son développement.

Un bébé aux besoins intenses doté d'un tempérament exigeant a besoin que quelqu'un lui prodigue des soins affectueux pour se sentir en harmonie avec son univers et développer le côté positif de sa personnalité.

Il est essentiel pour le bien-être du bébé aux besoins intenses que son univers évolue autour d'une figure centrale qui constitue en quelque sorte le point d'attache de ses activités. Ce rôle revient habituellement à la mère, quoique le père ou tout autre adulte bien connu du bébé puisse aussi constituer une importante figure d'attachement. (Si la mère d'un bébé aux besoins intenses désire survivre et s'épanouir, des figures d'attachement de soutien sont essentielles.) Deux conditions sont nécessaires au développement du lien mère-enfant :

• La mère doit être disponible et augmenter la quantité et la qualité des soins qu'elle donne à son bébé afin de satisfaire les besoins de celui-ci.

• Le bébé doit manifester des comportements favorisant l'attachement, comme sourire, téter, gazouiller, s'accrocher, regarder dans les yeux et protester lorsque sa mère le quitte. Ces comportements rendent un bébé irrésistible aux yeux du parent.

Une mère sensible et attentive aux besoins de son enfant et un bébé ayant des comportements favorisant l'attachement forment une paire harmonieuse et un lien solide peut alors s'établir entre les deux. Lorsque le bébé est maussade et désorganisé, la réponse attentive de la mère devient d'autant plus importante. La mère peut être obligée d'accroître considérablement son niveau d'attention et de soins afin d'être récompensée par des comportements agréables favorisant l'attachement de la part du bébé. Lorsque le bébé ne montre pas beaucoup de comportements favorisant l'attachement ou que la mère est incapable d'identifier les indices que lui transmet son bébé et d'y répondre, le lien d'attachement risque de ne pas se former.

Lorsqu'il y a attachement, la mère et le bébé sont en harmonie. Le bébé émet un indice et la mère, parce qu'elle est réceptive à cet indice, y répond. En voyant qu'il obtient une réponse prévisible qui le récompense de ses efforts, le bébé est motivé à fournir plus d'indices. Au fur et à mesure que la mère et son bébé apprennent à mieux se connaître et s'apprécier, les réponses de la mère deviennent plus spontanées. Ils deviennent plus attentifs l'un à l'autre et la mère est plus heureuse et confiante de pouvoir répondre aux besoins de son bébé. Ils apprécient être ensemble. Comme le disait une de ces mères : « Je ne peux plus me passer de lui. »

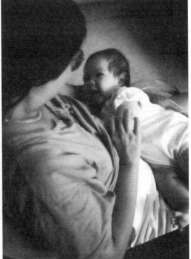

La mère qui s'attache fortement à son bébé aux besoins intenses dit parfois que le bébé semble

La mère qui développe un lien d'attachement solide avec son bébé aux besoins intenses devient plus sensible aux demandes de celui-ci.

être « collé » à elle. Elle utilise également l'expression « il a craqué » pour décrire son bébé lorsqu'il proteste contre quelque chose dans son environnement. Nancy, une mère qui a travaillé fort pour développer un lien solide avec son bébé aux besoins intenses, m'a confié : « Lorsque mon bébé semble craquer, je me sens maintenant capable de ramasser les morceaux et de les recoller. Ce fut toutefois une longue et dure lutte. »

La mère comme organisatrice

La mère joue un rôle essentiel dans l'organisation du comportement de son bébé. Imaginez la gestation comme s'étendant sur une période de dix-huit mois, c'est-à-dire neuf mois à l'intérieur de l'utérus et au moins neuf autres mois à l'extérieur du ventre maternel. Au cours des neuf premiers mois, le rôle principal de la mère consiste à nourrir le bébé et à contribuer à son développement physique. L'environnement intra-utérin régularise automatiquement le système sensoriel du bébé ainsi que les autres systèmes de son organisme. Après sa naissance, le bébé a encore besoin d'aide pour régulariser ses réponses aux divers stimuli, mais c'est au tour de la mère et des autres personnes de son entourage de l'aider à s'adapter à son nouvel environnement. Plus le bébé obtient rapidement de l'aide pour réorganiser ces systèmes, plus il s'adaptera aisément aux difficultés de la vie extra-utérine. L'attachement à sa mère procure au bébé ce dont il a besoin pour organiser son comportement dans les domaines suivants :

- *sur le plan nutritionnel,* la mère le nourrit avec son lait ;

- *sur le plan tactile,* la mère est source de contacts physiques ;

- *sur le plan visuel,* la mère a un visage familier ;

- *sur le plan auditif,* le bébé s'est déjà habitué à la voix de sa mère et aux sons qu'elle émet pendant sa vie intra-utérine ;

- *sur le plan thermique,* la chaleur du corps de la mère aide le tout jeune bébé à stabiliser sa température corporelle ;

- *sur le plan de l'équilibre,* la mère aide son bébé à développer ce sens en le transportant et en le berçant ;

- *sur le plan moteur,* les bras de la mère aide le bébé à contrôler ses mouvements ;

- *sur le plan olfactif,* le bébé reconnaît l'odeur familière de sa mère et l'odeur de son lait ;

- *sur le plan des cycles de sommeil et d'éveil,* la mère, en dormant avec son bébé, l'aide à organiser ses habitudes de sommeil et à adopter une alternance prévisible le jour et la nuit.

En prévoyant et en comblant ses besoins, la mère aide son bébé à s'adapter à un univers où ceux-ci ne sont pas automatiquement comblés. Sans cet attachement, le bébé demeure désorganisé et ceci se traduit par un comportement maussade. Le comportement maussade peut être considéré comme un symptôme de repli, le résultat de la perte des effets de l'attachement à la mère.

Le tout jeune bébé ne doit pas être laissé seul pour apprendre à se calmer par lui-même comme certains le conseillent aux parents. Dans les premiers mois suivant la naissance, le bébé n'est pas prêt à fonctionner comme un individu à part entière. Les résultats de recherches expérimentales ont en effet révélé que lorsque des animaux nouveau-nés sont séparés de l'influence régulatrice de la mère, ils montrent un « comportement d'éveil accentué » (Hofer, 1978) ; en d'autres termes, un comportement difficile. Le bébé qui est allaité avant de s'endormir est moins susceptible de prendre l'habitude de sucer son pouce que le bébé laissé seul pour s'endormir (Ozturk et Ozturk, 1977). Le nourrisson a un comportement plus calme lorsqu'il est en contact avec sa mère que lorsqu'il est laissé seul (Brackbill, 1971). Les troubles de sommeil sont plus fréquents chez les bébés séparés de leurs parents pendant la nuit (Sears, 1985). Le nourrisson séparé de sa mère a des comportements compensatoires inhabituels, comme « s'auto-bercer », plus fréquents, (Hofer, 1978). À mon avis, entraîner le bébé à se calmer par ses propres moyens avant qu'il n'y soit prêt ou capable est aussi ridicule que de s'attendre à ce qu'un bébé prématuré soit capable de se procurer lui-même les soins médicaux dont il a besoin.

Le tempérament du bébé influence celui des parents

La mère d'un bébé aux besoins intenses m'a confié un jour : « Notre bébé maussade a le don de mettre en valeur mes meilleurs et mes pires côtés. » Voilà qui est certainement vrai. Comme chaque bébé naît avec un tempérament différent, chaque mère a aussi une façon différente de répondre à ses besoins. Pour certaines d'entre elles, une réponse attentionnée est un réflexe automatique et proportionnel au niveau des besoins du bébé. Chez d'autres, les réponses ne se manifestent pas d'une manière aussi automatique et leur capacité de prendre soin du bébé avec affection a besoin de se développer et de s'épanouir. Pour bien réussir à s'occuper d'un bébé aux besoins intenses, il est absolument essentiel de comprendre que le tempérament d'un enfant influence la capacité de sa mère d'en prendre soin avec affection.

Bébé facile, mère attentionnée

Le bébé soi-disant facile est un bébé câlin possédant de bonnes habiletés favorisant l'attachement. Ses besoins sont prévisibles et il se laisse prendre facilement par n'importe qui. C'est le type de bébé qu'on aime avoir près de soi. Comme la mère a tendance à croire que le tempérament facile de son bébé est le reflet de sa propre compétence en tant que mère, la mère d'un bébé facile estime qu'elle fait un bon travail et est ravie de la situation. Par contre, une mère tout aussi attentionnée aux prises avec un bébé plus difficile peut être portée à croire qu'elle n'est pas une très bonne mère.

Karen était un bébé si facile! Elle ne pleurait jamais beaucoup. Je la couchais à dix-neuf heures et elle dormait jusqu'au lendemain matin. Elle semblait s'accommoder des gardiennes, ce qui me libérait pour faire autre chose. Vers l'âge de quatre mois cependant, elle a commencé à pleurer chaque fois que je la déposais. Elle s'est mise à se réveiller plusieurs fois par nuit pour téter et j'ai dû finalement la coucher avec moi. Elle n'accepte plus aucune gardienne.

Commentaires du Dr Sears : *Karen est ce que j'appelle un bébé maussade à retardement. Avec le temps elle a trouvé l'énergie nécessaire pour réclamer ce dont elle avait besoin. Les pleurs et les réveils pendant la nuit sont des comportements normaux favorisant l'attachement et qui aident le bébé à se développer en gardant sa mère près de lui. Ce bébé ne voulait tout simplement plus se contenter d'un niveau de soins inférieur.*

Bébé facile, mère détachée

Comme le bébé facile n'est pas très exigeant, même une mère moins attentionnée aura peu d'efforts à déployer pour développer ses capacités à le réconforter. Cette situation peut sembler presque idéale, mais le résultat n'est pas toujours aussi heureux. Du fait que le bébé facile semble se satisfaire de peu, la mère peut avoir tendance à diriger son énergie vers des relations et des activités plus stimulantes, par exemple un enfant plus difficile dans la famille ou un emploi à l'extérieur. Elle peut avoir l'impression que le bébé ne semble pas vraiment avoir besoin d'elle. Cette situation peut expliquer le phénomène du bébé maussade à retardement, c'est-à-dire un bébé au tempérament facile au départ, mais qui change totalement de personnalité avec le temps. Il devient alors un bébé maussade et manifeste soudainement toute une série de comportements favorisant l'attachement (par exemple, pleurer ou protester) par lesquels il exige un niveau de soins plus élevé de sa mère.

Bébé aux besoins intenses, mère attentionnée

Il existe également des cas où un bébé aux besoins intenses, qui présente de bons comportements favorisant l'attachement, a une mère attentive à ses besoins. Dans ce cas, la mère ne peut ignorer les demandes incessantes de son bébé qui fait toujours sentir sa présence. Ses pleurs exigent une réponse immédiate que les parents sont prêts à lui fournir. Une fois qu'il a été réconforté dans les bras d'un de ses parents, il refuse d'être déposé. Bien que ce bébé soit très exigeant, les parents sont récompensés par le sentiment que leurs efforts pour le réconforter portent fruit et qu'ils jouent un rôle important. Une réponse de satisfaction occasionnelle de la part du bébé suffit à les convaincre que tout cela en vaut la peine.

Ce type de bébé exigeant oblige la mère à mettre en valeur le meilleur côté d'elle-même. Un bébé aux besoins intenses avec de bons comportements, favorisant l'attachement, aide la mère à développer sa capacité à lui prodiguer des soins attentionnées, pourvu qu'elle demeure ouverte et attentive aux besoins du bébé et y réponde sans restriction. La mère doit laisser parler son cœur, sans être contrainte par les normes culturelles de son entourage ni restreinte par des conseils contradictoires venant de tout un chacun. Même dans les cas où la mère ne sait pas trop ce dont le bébé a besoin, elle doit essayer de lui répondre de différentes façons jusqu'à ce qu'elle trouve ce qui satisfait son bébé. Elle devient la figure centrale à laquelle il s'attache et elle développe les habiletés de réconfort dont son bébé a besoin. Puisque le bébé reçoit continuellement les réponses affectueuses correspondant à ses attentes, il est capable de raffiner ses comportements favorisant l'attachement. Ceci, en retour, permet aux parents d'identifier plus facilement ses besoins et de le réconforter. La relation parent-enfant tout entière évolue vers une plus grande sensibilité réciproque. La mère et son nourrisson, devenus plus attentifs l'un à l'autre, s'apprécient davantage.

Le bébé aux besoins intenses aux capacités d'attachement médiocres

Ce bébé est souvent identifié comme étant un bébé distant ou « long à se réchauffer ». Ce type de bébé se raidit et se cambre lorsqu'on le prend pour le nourrir. Il ne s'abandonne pas et ne se blottit pas contre

Rebekah est née dans une famille où sa mère, son père et son grand frère de deux ans étaient tous ravis de sa venue. Dès sa naissance, Rebekah s'est montrée peu encline à se blottir dans nos bras. Elle s'éloignait de moi après la tétée et se tortillait, mal à l'aise, jusqu'à ce que je la dépose dans son berceau. Elle ne souriait pas et a évité tout contact visuel jusqu'à l'âge d'un an environ. Elle se développait normalement sur le plan moteur, mais elle montrait peu d'intérêt pour ce qui l'entourait. J'ai fait part de mon angoisse et de mes frustrations à ma pédiatre, mais, puisqu'elle n'avait rien décelé d'anormal sur le plan physique, elle ne pouvait m'aider. J'avais le sentiment d'avoir privé cette enfant innocente de quelque chose dont elle avait un besoin vital, mais je n'avais aucune idée de ce que c'était? Je voulais vraiment la connaître mieux et me rapprocher d'elle, mais un mur infranchissable semblait se dresser entre elle et moi.

Peu de temps après le premier anniversaire de Rebekah, j'ai acquis la conviction que ce cycle de comportements devait être brisé. Elle a commencé à s'ouvrir un peu et à partager quelques-uns de ses sentiments, mais cela s'est fait très, très lentement. Avec des enfants de son âge, elle est de plus en plus amicale et démontre de réelles qualités de chef. Elle garde toujours ses distances, mais, dans l'ensemble, elle est mieux en mesure d'entrer en relation avec son environnement et les personnes qui y vivent. Elle semble avoir de grands besoins, mais, en même temps, elle est incapable de recevoir.

Commentaires du Dr Sears : *Le bébé distant est le bébé aux besoins intenses le plus difficile à élever, car il ne suit pas les règles du comportement favorisant l'attachement. Il ne sourit pas, ne pleure pas lorsqu'on le dépose et ne prend aucun plaisir à téter. Il en résulte que c'est la mère qui doit prendre l'initiative de l'attachement et travailler sans relâche à maintenir cet*

> *attachement, car le bébé ne fournit pas d'indice ou ne montre aucun signe de satisfaction en réponse à ce qu'il reçoit. Ce type de bébé ne met pas automatiquement en valeur le meilleur côté de sa mère. Il exige plutôt un niveau de soins maternels supérieur pour s'adapter à son environnement et communiquer avec les autres.*

ses parents lorsqu'ils le prennent ou le placent sur leur épaule. Il montre peu ou pas d'appréciation pour les efforts que déploient ses parents pour le réconforter et entrer en communication avec lui. Quoique, selon mon expérience, la plupart des bébés aux besoins intenses communiquent clairement et avec force ce dont ils ont besoin, il existe des bébés incapables de demander le niveau de soins affectueux dont ils ont besoin. Comme les parents, et surtout la mère, sont généralement programmés à répondre aux signaux émis par le bébé, le bébé distant ne met pas en valeur le meilleur côté de sa mère. De fait, des études ont démontré que le lien mère-bébé est souvent moins intense lorsque le bébé est distant (Campbell, 1979).

Pour que la mère puisse développer des comportements affectueux envers son enfant, elle doit recevoir une réponse d'appréciation quelconque de la part de celui-ci. Les bébés et les enfants n'ont toutefois pas la réputation de déborder de gratitude envers leurs parents. Malgré tout, les parents trouvent dans les sourires, les câlins et autres démonstrations de sentiments positifs une reconnaissance satisfaisante. Si la mère n'obtient aucune réponse de son enfant, il y a un risque qu'elle et son bébé s'éloignent de plus en plus l'un de l'autre. Dans une situation semblable, une aide

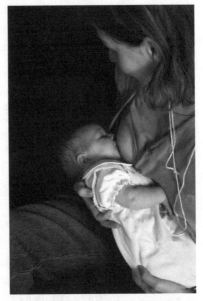

Une mère qui allaite est programmée du point de vue hormonal à répondre aux pleurs de son bébé.

psychopédagogique peut vraiment être utile. La mère du bébé distant dont le comportement affectueux est quelque peu hésitant (« Je ne réussis tout simplement pas à l'atteindre. ») ferait peut-être bien d'obtenir conseil auprès de professionnels formés dans le domaine des relations mère-bébé. Ces personnes sont sensibles à cette problématique et ont l'expérience requise pour enseigner à la mère comment interpréter les indices plus subtils fournis par le bébé distant et comment y répondre. La mère du bébé distant doit éviter de penser que son bébé n'a pas besoin d'elle, car elle risque d'en venir à croire qu'il ne l'aime pas. Le bébé distant est souvent un bébé aux besoins intenses qui se cache sous l'apparence d'un bébé facile. Il a besoin du maximum de soins que peuvent lui donner ses parents afin de développer son plein potentiel.

Bébé aux besoins intenses, mère rigide

Un bébé aux besoins intenses et une mère rigide risquent d'avoir des difficultés. Dans ce cas, le bébé peut montrer des comportements d'attachement adéquats, mais la mère considère ces comportements comme négatifs et évite de les encourager. Elle tente de transformer l'éducation de son enfant en une science au lieu de laisser parler son cœur et de suivre son instinct maternel. Elle succombe aux avis d'amis, de parents et de conseillers bien intentionnés : « Laissez pleurer votre bébé, vous le rendez trop dépendant. », « Vous le prenez si souvent que vous êtes en train de le gâter. » ou encore « Il vous manipule. »

La mère qui a un bébé aux besoins intenses doit se méfier des conseils où on lui suggère de s'abstenir de répondre à son bébé. La mère qui reçoit beaucoup d'avis de ce genre est entourée de mauvais conseillers. Ces conseils détruisent la relation mère-enfant, car ils encouragent la nouvelle mère à suivre des règles plutôt que d'apprendre de son bébé. La mère épuisée d'un bébé aux besoins intenses est particulièrement vulnérable aux conseils assortis d'une promesse d'efficacité. Elle doit se méfier tout particulièrement des solutions rapides et faciles proposant d'adopter des horaires stricts concernant les repas, l'heure du coucher et les périodes de pleurs, comme par exemple : « Laissez pleurer le bébé pendant quarante-cinq minutes la première nuit, trente minutes la seconde et il fera ses nuits à la fin de la semaine. » Ces conseils sont rarement efficaces. Par contre, ils sont particulièrement désastreux pour le bébé aux besoins intenses.

Les horaires rigides n'ont même pas de justification sur le plan scientifique. L'être humain est une espèce à contact continu : la mère et son bébé sont faits pour demeurer en contact étroit. Chez certaines espèces animales, la mère laisse ses petits durant des périodes prolongées pour aller chercher de la nourriture. Le lait des mères de ces espèces contient un taux élevé de gras, ce qui permet aux petits de survivre malgré des tétées très espacées. Le lait humain, par contre, est plutôt pauvre en matières grasses et en protéines, ce qui nécessite des tétées fréquentes et, en apparence, presque continues. La mère est

Une réponse attentive et affectueuse aux pleurs du bébé améliore le tempérament et l'intelligence.

programmée pour répondre immédiatement à son bébé. Lorsqu'elle l'entend pleurer, le sang afflue à ses seins, ce qui déclenche chez elle le réflexe d'éjection du lait lui rappelant de prendre et d'allaiter son bébé. La mère qui suit les conseils l'exhortant à s'abstenir de répondre à son bébé va à l'encontre de son intuition et de ses réflexes biologiques. Le fait de suivre de telles recommandations extérieures plutôt que d'écouter son cœur est le premier pas conduisant la mère à devenir insensible à son bébé et cette insensibilité l'amènera à se détacher de son nourrisson. Par contre, en répondant sans restriction aux pleurs de son bébé, la mère renforce sa capacité à bien s'occuper de lui. Un lien de confiance s'établit entre elle et son bébé.

Quel effet les réponses restreintes ont-elles sur le bébé ? Un bébé dont les signaux restent sans réponse peut réagir de deux façons. Il peut multiplier l'envoi de signaux favorisant l'attachement, devenir plus exigeant et pleurer jusqu'à ce que quelqu'un se décide enfin à le prendre. Le bébé qui réagit ainsi peut dépenser tellement d'énergie à demander l'attention dont il a besoin que son développement s'en trouve ralenti. Des études ont révélé que, dans les sociétés où l'art parental favorisant l'attachement et où les réponses affectueuses immédiates aux appels du bébé sont la règle plutôt que l'exception, le nourrisson connaît un développement précoce (Geber, 1958).

L'autre réaction que peut avoir un nourrisson lorsqu'il n'obtient aucune réponse à ses signaux consiste à abandonner, c'est-à-dire qu'il perd sa motivation à communiquer ses besoins. Il cesse alors d'émettre des signaux, se replie sur lui-même et tente de survivre, sur le plan émotif, en adoptant des habitudes d'autosatisfaction inefficaces. Le bébé s'attachera alors à des objets plutôt qu'à des personnes. En pareil cas, ce sont les deux membres du couple mère-enfant qui y perdent, aucun n'ayant été capable de bénéficier de la compétence de l'autre. Le bébé n'a pu exercer une influence sur les réponses de la mère et celle-ci n'a pu contribuer à réorganiser le comportement du bébé. Il en résulte l'une des relations parentales les plus pénibles qui soient : l'insensibilité réciproque. La relation parent-enfant peut ne jamais se remettre de ces débuts difficiles.

Mettre en valeur le meilleur côté de votre bébé

La personne que deviendra votre bébé dépend de son tempérament inné et de la façon dont vous l'élèverez. Diverses échelles ont été élaborées pour évaluer le tempérament et la personnalité des nourrissons. Bien que ces tests puissent sûrement aider les chercheurs dans la comparaison des différents types de bébés, ils ne sont pas très utiles aux parents, particulièrement à ceux dont le bébé est qualifié de « difficile ». Cette étiquette n'est pas nécessairement négative. Par exemple, être « généralement maussade au réveil et au coucher » est une caractéristique qui mériterait au bébé des points comme bébé difficile sur la plupart des échelles. Supposons que le bébé est maussade parce qu'il ne veut pas se coucher seul, mais qu'il est heureux si on lui permet de s'endormir dans les bras de ses parents et de se réveiller dans leur lit. Voilà, à mon avis, une demande qui n'est pas déraisonnable. Un autre exemple : le bébé capable de se calmer seul lorsqu'il est bouleversé obtient un point comme bébé facile, tandis que le bébé qui est maussade jusqu'à ce que quelqu'un vienne le réconforter est évalué comme difficile.

Bon nombre de ces paramètres n'évaluent aucunement le tempérament du bébé. Ils mesurent plutôt à quel point le bébé se conforme aux attentes culturelles de notre société en la matière. Ceci ne correspond

Steven, notre enfant de deux ans, et moi ne nous entendions pas vraiment bien. Après avoir beaucoup réfléchi, j'ai découvert que c'était ma colère qui nuisait à notre relation. J'étais en colère parce que Steven ne correspondait pas au type de bébé que j'espérais et parce qu'il m'épuisait, qu'il n'était pas aussi facile que les autres bébés. Dès que j'ai pu identifier cette colère et y faire face, nous avons commencé à mieux nous apprécier l'un l'autre.

Commentaires du Dr Sears : *Dans ce cas précis, la mère était en colère parce qu'elle n'avait pas eu le type de bébé qu'elle désirait. Cette colère l'avait empêchée de voir son bébé comme un être unique, un bébé aux besoins intenses qui avait besoin d'un niveau de maternage élevé. Lorsqu'elle a compris que sa colère l'empêchait d'établir une bonne relation avec son enfant, elle a commencé à traiter celui-ci comme l'être unique qu'il était et a cessé de le comparer aux autres bébés.*

pas toujours à ce que sont vraiment les bébés. Les gens sont portés à croire qu'un bébé facile est un « meilleur » bébé bien que les auteurs de ces tests les mettent en garde contre cette tendance. Le bébé qui pleure lorsqu'il est laissé seul pour s'endormir ou qui pleure si personne ne le prend a assez de caractère pour affirmer sa personnalité et communiquer ainsi ses besoins à son entourage. Ce bébé apprend à s'attacher à des personnes plutôt qu'à des choses. Il serait donc plus exact de qualifier le bébé difficile de bébé qui s'affirme ou de bébé qui s'attache. Ce sont des termes plus positifs et qui décrivent plus fidèlement le caractère du bébé. Le terme « difficile » comporte un jugement de valeur qui traduit davantage les attentes de notre société plutôt que le tempérament du bébé.

Développer la personnalité de votre bébé

Des réponses attentives et affectueuses peuvent accroître l'intelligence du bébé et favoriser son tempérament. Je crois que chaque enfant vient au monde avec un potentiel maximal d'intelligence, essentiellement déterminé par l'hérédité. L'enfant naît également doté d'un ensemble de traits comportementaux qui forme son tempérament. Ces traits incitent son entourage à répondre à ses besoins. Des réponses prévisibles de ses parents aident le bébé à apprendre que ses signaux sont significatifs et qu'il peut changer certaines choses. Si l'enfant peut compter sur une réaction cohérente, il devient plus habile à entrer en relation avec les autres. On dit de lui qu'il est un bébé plus intelligent et plus plaisant.

L'enfant qui possède un potentiel intellectuel élevé peut également être doté de traits de tempérament qui lui méritent l'étiquette de bébé exigeant. Il est brillant et demande donc davantage à s'attacher et à interagir avec son entourage. Il voudra être pris tout le temps, dormir avec sa mère, téter souvent. Puisque les relations avec son entourage sont l'un des moyens par lesquels le bébé peut développer son plein potentiel intellectuel, le fait d'être un bébé exigeant est avantageux pour l'enfant doté d'un potentiel intellectuel élevé.

Une réponse attentive et affectueuse des parents est également importante pour le développement de l'estime de soi. Le bébé intelligent qui exige un niveau de soins élevé apprend à faire confiance à son entourage. Parce que ses parents font confiance à ses signaux, il apprend à se faire confiance également. En d'autres termes, il développe son estime de soi. Il devient moins maussade à mesure qu'il découvre d'autres formes de communication. L'enfant se sent mieux dans sa peau et, par conséquent, il est en mesure d'interagir d'une manière plus efficace avec son environnement. Son intelligence peut continuer de se développer au fur et à mesure qu'il apprend à être moins maussade et à communiquer ses besoins d'une autre façon.

Qu'advient-t-il du potentiel intellectuel de l'enfant dont les indices sont mal interprétés et dont le comportement affirmatif est brimé, c'est-à-dire du bébé qu'on laisse pleurer? Le fait d'ignorer ses indices peut nuire à son développement intellectuel. C'est un peu comme l'artiste qui s'apprête à peindre. Si quelqu'un lui enlève constamment ses pinceaux, soit il ne finira jamais son oeuvre (c'est-à-dire qu'il n'atteindra jamais son plein potentiel) soit il l'achèvera, mais à un rythme beaucoup plus lent et avec beaucoup de stress et de frustrations. Plusieurs études confirment la corrélation entre le développement intellectuel de l'enfant et son environnement. Le bébé qui grandit dans un environnement affectueux et qui a de bons comportements d'attachement se développe mieux sur les plans intellectuel et moteur.

Dans son livre *Le stress de la vie*, le récipiendaire du prix Nobel, Hans Selye, suggère que le stress peut favoriser le développement de l'intelligence. La façon dont une personne réagit à une situation stressante et résout ce stress peut avoir un effet positif ou négatif sur son intelligence. Le bébé maussade semble manifester beaucoup de stress, mais souvent il n'a pas la capacité de contrôler son propre stress. C'est pourquoi il est d'autant plus important, pour la croissance intellectuelle d'un bébé maussade, que celui-ci reçoive une réponse attentive et affectueuse au stress qu'il vit. La résolution de ce stress peut favoriser la croissance intellectuelle du bébé, tandis qu'un stress non résolu peut nuire à cette croissance.

Dans ce chapitre, j'ai expliqué pourquoi le bébé est maussade et comment le potentiel intellectuel et les traits de tempérament du bébé, ainsi que les réponses de son entourage, contribuent au développement du bébé et de ses parents. Les chapitres suivants présenteront des moyens d'appliquer ceci à l'éducation du bébé et de l'enfant aux besoins intenses, afin de mettre en valeur le meilleur côté des parents et du bébé.

RÉFÉRENCES

Brackbill, Y. 1971. Effects of continuous stimulation on arousal levels in infants. *Child Dev* 42:17.

Campbell, S. B. 1979. Mother-infant interaction as a function of maternal ratings of temperament. *Child Psychiatr Hum Dev* 10:67.

Carey, W.B. 1994. The effectiveness of parent counselling in managing colic. *Pediatrics* 94:333.

Dihigo, S.K. 1998. New strategies for the treatment of colic: Modifying the parent/infant interaction. *J Pediatr Health Care* 12:256.

Geber, M. 1958. The psycho-motor development of African children in the first year and the influences of maternal behavior. *J Soc Psychol* 47:185.

Hofer, M. A. 1978. Hidden regulatory processes in early social relationships. In *Perspectives in Ethology*, ed. P.P.G. Bateson and P.H. Klopfer. New York: Plenum.

Lozoff, B., and Brittenham, G. 1979. Infant care: Cache or carry? *J Pediatr* 95:478.

Ozturk, M. and Ozturk, O. M. 1977. Thumbsucking and falling asleep. B*rit J Med Psychol* 50:95.

SEARS, William. *Être parent le jour ... et la nuit aussi : comment aider votre enfant à dormir*, Québec, Ligue internationale La Leche, 1992.

SELYE, Hans. *Le stress de la vie*, Paris, Gallimard, 1975.

CHAPITRE 3

Comment améliorer le tempérament de votre bébé dès le début

Les bébés naissent avec un tempérament qui leur est propre, mais la réponse des parents à leurs besoins peut avoir une influence sur leur personnalité qui est appelée à se développer. Certains traits de tempérament, tels être éveillé, exigeant, vouloir être pris en tout temps, exigent beaucoup des parents. Cependant, ils peuvent s'avérer nécessaires pour que l'enfant atteigne son plein potentiel. Lorsque les parents répondent à ces aspects exigeants du tempérament de leur bébé, celui-ci apprend à canaliser son énergie dans des comportements positifs. La façon dont les parents agissent au cours des derniers mois de la grossesse et les deux premières semaines de vie du bébé, peut affecter grandement et pour longtemps le tempérament du bébé.

L'importance d'un environnement intra-utérin calme

Le bébé à naître est conscient des joies et des stress de son environnement et ce qu'il vit dans l'utérus peut affecter son tempérament (Liley, 1972 ; Verney, 1981). La présente section est destinée aux parents qui attendent un enfant et qui veulent réduire les risques d'avoir un bébé maussade, de même qu'aux parents qui ont déjà eu un bébé maussade et qui aimeraient réduire les risques que leur prochain bébé soit également maussade. Les parents peuvent commencer à influencer le comportement de leur bébé pendant la grossesse.

La plupart des recherches sur le développement de la conscience fœtale portent sur les quatre derniers mois de la grossesse. Selon l'hypothèse de base sous-jacente à ce type de recherche, il serait possible de savoir comment un nourrisson se sent par la façon dont il réagit.

Comment les chercheurs sont-ils en mesure de savoir comment réagit le fœtus ? Trois outils de recherche non effractifs sont utilisés pour étudier les émotions chez le fœtus. L'électroencéphalogramme (EEG) enregistre les modifications des ondes cérébrales du bébé en réponse à des stimuli environnementaux. L'échographie, bien connue des femmes enceintes, utilise les ondes acoustiques pour reproduire sur un écran une image du bébé et de ses mouvements. Enfin, les recherches font également appel aux technologies optiques permettant de voir vraiment comment le bébé réagit aux stimuli du monde extérieur.

Il n'existe pas de corrélation parfaite entre l'état émotif de la mère pendant la grossesse et le tempérament du bébé. Une mère tendue pendant sa grossesse n'a pas toujours un bébé tendu. Un environnement intra-utérin calme ne constitue qu'un des nombreux facteurs qui influencent le tempérament de votre bébé. La présente section ne décrit qu'un des nombreux moyens à votre disposition pour réduire les risques d'avoir un bébé maussade.

L'état émotif de la mère et les conséquences sur le bébé à naître

La mère et son bébé font partie du même réseau hormonal. Les hormones responsables des réactions de stress chez la mère (augmentation du rythme cardiaque, élévation de la pression sanguine, rougissement, sudation, maux de tête, etc.) traversent également le placenta pour atteindre le bébé. Par conséquent, lorsque la mère est bouleversée, son bébé l'est également. Les chercheurs émettent l'hypothèse que le fœtus, qui est continuellement exposé à un haut niveau d'hormones de stress et qui réagit en produisant ses propres hormones de stress, risque davantage de développer un système nerveux surchargé. Comme des parents et d'autres personnes ont dit de leur nouveau-né maussade : « C'est comme s'il était né ainsi. » Les suggestions qui suivent ont pour but d'établir une communication harmonieuse entre la mère et son enfant à naître.

Ayez des pensées positives. Des études ont démontré que l'attitude de la mère envers son bébé à naître peut avoir un effet sur la relation du bébé avec sa mère plus tard. Selon un vieil adage, la mère qui rejette son bébé à naître s'expose à ce que celui-ci la rejette à son tour plus tard. Même s'il n'existe pas d'explication causale claire et précise de ce phénomène (qui n'est pas vrai dans tous les cas), des études ont montré que les mères vivant une grossesse non désirée risquent davantage d'avoir un bébé difficile et qu'elles ont un seuil de tolérance inférieur face au comportement maussade du bébé. Voilà une combinaison de facteurs plutôt inquiétante.

Choisissez des chansons appropriées. Une mère enceinte m'a dit : « Lorsque mon bébé donne des coups de pied et semble agité, je fais jouer de la musique. » Les chercheurs dans le domaine du développement de la conscience fœtale prétendent que les bébés, les enfants et même les adultes peuvent se rappeler les chansons que leurs parents leur fredonnaient in utero. Des instrumentistes sont convaincues que la musique s'intègre à leur bébé avant sa naissance ; les pièces de musique qu'elles jouent alors qu'elles sont enceintes sont plus facilement apprises par l'enfant plus tard. Des parents expérimentés m'ont rapporté que les berceuses et les chansons qu'ils fredonnaient à leur bébé à naître étaient les mêmes qui parvenaient à le calmer après sa naissance. Ces sons apaisants s'étaient gravés dans le cerveau du fœtus et le bébé avait appris à les prévoir et à y répondre. Une des filles de Pat Boone, Lori, maintenant mère, m'a confié un jour que les chansons que son père lui chantait alors qu'elle était dans le ventre de sa mère pouvaient encore la calmer.

Les bébés à naître agités préfèrent la musique classique (par exemple, des pièces de Vivaldi, de Mozart, de flûte ou de guitare classique), les hymnes religieux et les chansons folkloriques. Il a été démontré que les fœtus réagissent violemment à la musique rock. Le docteur Thomas Verny, dans son livre *La vie secrète de l'enfant avant sa naissance* (1982), relate le cas d'une femme enceinte qui a eu une côte blessée lors d'un concert rock parce que l'enfant qu'elle portait lui assénait des coups de pieds frénétiques. La manifestation violente des émotions du fœtus a peut-être été provoquée par les intonations agressives de la musique rock. De nombreuses mères savent à quel moment le bébé qu'elles portent est agité et quel morceau de musique ou quelle chanson aura un effet calmant sur lui. Le fœtus semble avoir des goûts musicaux très sélectifs (qui, en tant que père d'adolescents, je dois le dire, se détériorent au fur et à mesure qu'ils grandissent). Je conseille aux futures mères de noter les morceaux de musique qui ont un effet apaisant sur l'enfant qu'elles portent, afin qu'elles puissent faire jouer ces airs plus tard lors de périodes éprouvantes.

Les pères peuvent communiquer avec leur bébé avant la naissance.

Des recherches ont démontré que le fœtus de quatre ou cinq mois entend la voix de sa mère et les chansons qu'elle lui fredonne et bouge en même temps au rythme de celles-ci. Tout comme des sons agréables peuvent apaiser le nourrisson, des sons désagréables, discordants et agressifs peuvent déranger le bébé à naître. Il a été démontré que le fœtus devient agité pendant les querelles de ménage et ira même jusqu'à placer les mains sur ses oreilles lorsqu'il est exposé à de la musique discordante.

Futurs pères, vous pouvez également tirer profit de cette sensibilité prénatale. Des études ont démontré que lorsqu'un père parlait à son bébé in utero, il réagissait mieux à sa voix après la naissance. Dans ma pratique, je recommande la pratique prénatale de « l'imposition des mains ». J'encourage les couples, qui viennent me consulter et qui attendent un enfant, à poser leurs mains sur l'utérus chaque soir avant de se coucher, à parler au fœtus, à lui chanter des airs et à prier pour lui. Non seulement ces gestes réaffirment-ils l'engagement des parents l'un envers l'autre, mais ils apaiseront le bébé. Je crois que l'enfant à naître sent que ces deux personnes qui joignent leurs mains au-dessus de lui vont l'aimer et bien s'occuper de lui. Je conseille aux pères de prendre l'initiative d'instaurer ce rituel, car c'est un moyen d'entrer en contact avec le bébé avant la naissance et de se placer sur la même longueur d'onde que lui. Les pères, qui ont pris goût à cette habitude au cours des derniers mois de la grossesse, m'ont confié plus tard : « Je suis maintenant accro. Je ne suis plus capable d'aller me coucher, le soir, avant d'avoir d'abord posé les mains sur la tête de notre nouveau-né et d'avoir réaffirmé mon engagement. » La voix et les chansons des parents semblent former une sorte de « cordon ombilical » acoustique qui ne sera pas coupé à la naissance, mais continuera à réunir les parents et l'enfant longtemps encore.

Exécutez les pas de danse appropriés. Lorsque le fœtus semble agité, la mère peut exécuter doucement divers mouvements rythmés jusqu'à ce qu'elle trouve ce qui calmera son enfant. Elle pourra recourir à ce pas de danse plus tard. Une mère m'a confié que la nage rythmique calmait le bébé qu'elle portait.

Éprouvez des sentiments positifs. Les sentiments de la mère durant la grossesse peuvent avoir un effet sur ceux du fœtus. Les chercheurs dans le domaine du développement de la conscience fœtale estiment que le fœtus est particulièrement touché par le stress chronique et non résolu que peut vivre sa mère. Le fœtus est beaucoup moins agité et risque moins d'être affecté de façon permanente par les stress de la vie quotidienne qui ont été rapidement identifiés et surmontés. Des études ont également révélé que l'attitude de la mère à l'égard de la grossesse peut être prophétique (Verny, 1982). Les mères qui redoutent l'accouchement et s'attendent à un événement catastrophique risquent davantage d'avoir un accouchement traumatisant et leurs bébés sont plus susceptibles d'être maussades. Les femmes ambivalentes devant la perspective d'être mères risquent davantage d'avoir des bébés apathiques, comme si le fœtus captait ces messages contradictoires et venait au monde confus et méfiant de ses parents. Les mères qui rejettent carrément leur fœtus tout au long de leur grossesse courent un plus grand risque d'avoir un bébé perturbé émotionnellement. Toujours selon la même étude, les mères ayant vécu une grossesse relativement exempte de troubles affectifs ont les meilleures chances de vivre en harmonie avec leur bébé après la naissance. Dans ces études portant sur le fœtus, le facteur le plus important ayant contribué au bien-être émotif de la mère pendant sa grossesse est l'engagement total d'un conjoint aimant et affectueux. Les pères jouent, en effet, un rôle essentiel dans la formation du tempérament de leur futur enfant.

L'environnement intra-utérin forge les attentes du bébé à l'égard du monde extérieur. Si, pour lui, la vie intra-utérine a été empreinte d'harmonie et d'amour, l'enfant s'attendra probablement à la même chose de l'univers dans lequel il fera son entrée, ce qui le prédisposera, sans doute, à avoir un tempérament câlin, confiant et calme. Le bébé venant d'un milieu intra-utérin hostile en raison de l'état émotif de la mère ou de sa consommation de drogues ou d'alcool risque de naître méfiant et détaché et de ne pas s'adapter aisément à son nouvel environnement. Les parents d'un tel nouveau-né diront alors qu'il est né « à reculons ».

Mise en garde. Il est important de garder à l'esprit que personne n'est à l'abri du stress, surtout pendant les changements qu'occasionne une grossesse. Les hauts et les bas vécus pendant la grossesse ne causeront aucun tort au bébé. En fait, dans le cadre de sa préparation à son futur rôle de mère, la femme doit apprendre à comprendre et à gérer ses sentiments. Ce ne sont pas tant les émotions que ressent la femme enceinte qui importent, mais plutôt la façon dont elle y réagit. Si vous vivez un stress conjugal constant ou que vous éprouvez des sentiments négatifs par rapport à votre grossesse, demandez de l'aide professionnelle avant la naissance de votre bébé. En trouvant des façons de composer avec le stress d'une vie compliquée et d'y remédier, vous améliorez l'environnement de la vie intra-utérine de votre bébé et vous vous préparez certainement à mieux gérer le stress de la vie parentale.

L'art parental favorisant l'attachement

La façon dont la mère et son bébé entreprennent leur relation peut avoir des conséquences profondes sur la réalisation de deux objectifs parentaux importants : adoucir le tempérament du bébé et développer la sensibilité de la mère. La présente section décrit un type d'art parental qui vous aidera à mieux connaître votre bébé et à répondre à ses besoins durant ses premières semaines de vie. Dans les chapitres qui suivent, vous en apprendrez davantage sur ce que j'appelle l'art parental favorisant l'attachement. Ce type d'art parental vous aidera, vous et votre enfant, à grandir et à vous épanouir pendant la première année et celles qui suivront.

Les suggestions suivantes visent à aider les parents à se mettre en communication avec leur bébé, ce qui signifie que non seulement vous prenez soin de votre bébé et vous l'aimez, mais vous le comprenez, vous imaginez ce qu'il ressent et vous savez comment réagir. L'art parental favorisant l'attachement met l'accent sur le rapprochement entre les parents et l'enfant et offre aux parents et à leur bébé de nombreuses occasions de communiquer. Ce rapprochement calme le bébé, permet aux parents de développer leur intuition et favorise l'harmonie dans la famille, car les membres se connaissent et se font confiance.

La préparation prénatale

Suivez un cours prénatal pour vous préparer à la venue de votre bébé. En vous informant sur l'accouchement, vous et votre bébé connaîtrez une transition plus harmonieuse de la grossesse à la vie de famille. Vous devez comprendre comment votre corps donne naissance de façon naturelle, comment réduire le plus possible vos craintes et vos tensions et comment aider votre corps. Un accouchement vous permettant, à vous et à votre bébé, de connaître la transition la plus naturelle possible, avec un minimum d'interventions, vous permettra de partir du bon pied. Parlez à votre médecin du type d'accouchement que vous désirez. Renseignez-vous afin de pouvoir jouer un rôle actif. Vous aurez davantage confiance en vous en tant que parent si vous participez aux soins de votre bébé avant même sa naissance.

La période prénatale est également propice pour lire tout ce que vous pouvez sur le développement de l'enfant et pour faire partie de groupes d'entraide destinés aux parents. À mon avis, la Ligue La Leche, un groupe qui fournit aux mères de l'information sur l'allaitement, est le groupe qui prépare le mieux la mère à prendre soin d'un bébé maussade. Lors des rencontres mensuelles, les mères peuvent en apprendre davantage sur l'allaitement et sur comment devenir une mère attentive. Les monitrices de la Ligue La Leche sont accessibles par téléphone pour répondre aux questions sur l'allaitement et les soins parentaux. Le soutien mère à mère, également offert par la Ligue La Leche, est souvent considéré comme une planche de salut par les nouvelles mères qui tentent de s'adapter à un bébé difficile et à un nouveau mode de vie.

Enfin, la période prénatale vous permet de renforcer les liens de votre union et de réaffirmer votre engagement mutuel. Pour que les parents d'un bébé maussade réussissent à en prendre soin adéquatement, il est absolument essentiel qu'ils vivent une union stable et épanouie.

Une expérience d'accouchement paisible

Il existe un dicton en pédiatrie selon lequel un accouchement vécu dans l'anxiété risque de produire un bébé anxieux. Des études ont démontré que le bébé né d'un accouchement caractérisé par la peur, la douleur et la séparation de la mère durant les premières heures suivant la naissance risque davantage de devenir un bébé difficile. Il y a également plus de bébés maussades et souffrant de coliques chez les mères ayant

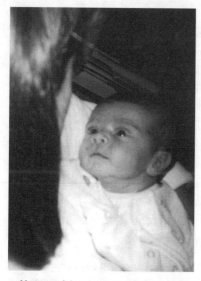

reçu de fortes doses de médicaments pendant l'accouchement (Meares, 1982). Les médicaments utilisés durant l'accouchement peuvent affecter le comportement de l'enfant pendant le premier mois de sa vie (Sepkosi, 1992) et le bébé peut éprouver plus de difficultés à apprendre à téter efficacement (Walker, 1997). Une expérience d'accouchement paisible suivie d'une période où la mère et le bébé apprennent à se connaître favorise un bon départ pour l'allaitement.

Une expérience d'accouchement paisible renforce les comportements d'attachement.

Évidemment, il est impossible de tout contrôler durant un accouchement. Dans certains cas, une intervention médicale est requise pour assurer la santé de la mère et du bébé. Chez certaines mères et leur bébé, la technologie a joué un rôle important pendant le travail et l'accouchement. Bien que ces facteurs augmentent les risques d'avoir un bébé maussade, rappelez-vous que la naissance n'est que le début. Vous aurez encore devant vous de nombreuses heures, journées et semaines pour prendre soin de votre bébé.

Le lien d'attachement et la cohabitation

À moins que des complications d'ordre médical rendent impossible la cohabitation, prenez des dispositions pour que votre bébé soit avec vous dès la naissance. Cet arrangement facilite au bébé le passage de l'utérus au monde extérieur. Le bébé qui cohabite avec sa mère pendant son séjour à l'hôpital a de meilleures chances d'avoir un tempérament plus paisible et cet arrangement aide à développer votre sensibilité maternelle. Dès le début, vous montrez à votre bébé qu'il peut vous faire confiance pour combler ses besoins rapidement.

Répondez rapidement aux pleurs de votre bébé

Le fait, pour la mère, de répondre rapidement aux pleurs de son bébé la rendra plus réceptive à son langage particulier. Le bébé apprendra

Au retour à la maison, cinq jours après ma césarienne, Michael semblait vouloir adopter un cycle de quatre heures… en tout cas, jusqu'à environ vingt heures le premier soir. C'est l'heure où est apparu le bébé maussade, l'heure à laquelle ont commencé les jours et les nuits sans sommeil. Comme mère, je n'avais pas confiance en moi. J'ai grandi en l'absence de bébés et j'ignorais tout des soins à apporter aux enfants. Je ne savais pas à quoi m'attendre. En dépit de tous les conseils et toutes les mises en garde, je me concentrais uniquement sur le fait que le bébé de mon amie, qui avait deux mois de plus que Michael, faisait ses nuits depuis sa naissance.

Inutile de dire que, dès la deuxième journée à la maison, j'étais en colère et contrariée et que, le troisième jour, j'ai commencé à me demander pourquoi j'avais voulu un enfant. Les tétées incessantes me mettaient vraiment hors de moi. Michael n'en finissait plus de téter et ne demeurait satisfait que pendant de très courtes périodes. Je voulais donner le meilleur à mon enfant, mais je songeais à lui donner le biberon, surtout la nuit.

Tout le monde me disait que les nouvelles mamans doivent dormir en même temps que leur bébé, mais je ne parvenais pas à m'endormir durant le jour. En fait, j'étais incapable de me détendre : je m'attendais à entendre Michael pleurer à tout instant.

Aucune autre mère, dans ma famille, n'avait réussi à allaiter avec succès. Elles me disaient : « Il doit avoir faim. Ce n'est pas normal qu'un bébé pleure tout le temps comme ça. » Mis à part cette attitude défaitiste face à l'allaitement, je savais que ce besoin constant de Michael d'avoir de l'attention les faisait paniquer. Michael n'était pas le genre de bébé à manger, puis à s'endormir. Il était plutôt du genre à manger, somnoler, manger et pleurer, pleurer et pleurer. Il ne semblait jamais satisfait.

Je fus quelque peu soulagée d'apprendre du docteur Sears que tout cela n'était « que » la manifestation du syndrome du bébé aux besoins intenses. Malgré tout, quand je suis revenue à la maison et que je me suis assise dans ma chaise berçante pour allaiter Michael, je n'ai pu m'empêcher de pleurer. J'avais l'impression de ne pouvoir faire face aux difficultés de maternage avec Michael. Ce sentiment de désespoir n'a diminué que progressivement

À deux mois et demi environ, Michael s'est mis à avoir les réactions et les comportements qui font qu'un bébé est mignon. Vers huit mois, il a commencé à dormir d'une façon relativement prévisible. Malgré les inconvénients et les sentiments horribles que j'ai vécus, je me félicite d'avoir persévéré, car j'ai à présent l'un des bébés les plus heureux et confiant que je connaisse.

également à pleurer d'une manière plus efficace. Le chapitre 4 explique en détail les causes des pleurs et comment y répondre.

Allaitez votre bébé

L'allaitement sans restriction développe la sensibilité de la mère aux indices que lui fournit son bébé. Cela aide également le bébé à développer de meilleurs moyens de communication parce que la mère répond à ses signaux d'une manière affectueuse et prévisible, soit par l'allaitement. Laisser le bébé « se sevrer » lui-même, à son propre rythme, aide à développer sa confiance en lui. Vous trouverez au chapitre 7 d'autres informations sur les avantages de l'allaitement pour le bébé maussade.

Le rôle des parents pendant la nuit

Le bébé maussade tend à se réveiller facilement parce que son tempérament sensible influence ses cycles de sommeil. Accueillir le bébé dans votre lit (selon le concept du sommeil partagé) l'aidera à organiser ses cycles de sommeil et à se réveiller moins fréquemment. Le chapitre 9 offre des conseils sur le rôle des parents d'un bébé maussade la nuit.

La participation du père

Les mères qui ont réussi à bien vivre avec un bébé aux besoins intenses me disent souvent : « Jamais je n'aurais pu le faire sans l'appui de mon conjoint. » La mère et le bébé aux besoins intenses ont besoin de la participation active du père. Les défis particuliers que représente ce type de bébé pour le père sont expliqués en détail au chapitre 8.

Gardez-le près de vous

Gardez le bébé avec vous. Cet arrangement renforce l'engagement du couple face à son rôle parental et rend les parents plus réceptifs à leur bébé. Porter le bébé difficile dans une écharpe ou un porte-bébé aide à le calmer et l'empêche d'être maussade. Autant le père que la mère peuvent porter le bébé. Pour en apprendre davantage sur la façon de calmer le bébé en le gardant près de soi, consultez le chapitre 6.

Quels sont les avantages pour vous ?

Au cours de mes nombreuses années de consultation, j'ai pu observer comment certains parents de bébés aux besoins intenses développent davantage que d'autres leur sensibilité. Les parents plus sensibles à leur bébé sont souvent ceux qui ont appliqué l'art parental favorisant l'attachement pour répondre aux besoins de leur bébé.

Une plus grande sensibilité

L'art parental favorisant l'attachement commence d'abord par une attitude d'ouverture, c'est-à-dire qu'il faut être réceptif aux indices que vous fournit votre enfant et ouvert à ce que vous dicte votre cœur. S'ouvrir à son enfant est la première étape pour devenir un parent réceptif. Plus le parent est ouvert et réceptif aux demandes de son bébé, plus il devient sensible et plus il comprend facilement ce dont son bébé a besoin. L'art parental favorisant l'attachement aide la mère et son bébé à vivre en harmonie. Une relation parent-enfant qui commence dans l'harmonie est le meilleur moyen d'adoucir le tempérament du bébé difficile.

Une meilleure intuition

Chaque bébé vient au monde avec un niveau de besoins qui lui est propre, en fonction de son tempérament particulier et de sa capacité à s'ajuster à son environnement. Chaque bébé possède également la capacité instinctive de fournir des indices à l'intention de ceux qui en prennent soin, leur signalant ainsi ses besoins. Le bébé ayant des besoins plus grands envoie des signaux plus puissants. Par exemple, le bébé qui

Les autres mères semblent avoir plus de contrôle

Pourquoi suis-je incapable de contrôler mon bébé ? Je n'arrive pas à le consoler ni à le faire dormir ou à lui imposer un horaire. Je ne peux pas le déposer et le laisser seul comme le font les autres mères. Les autres mères contrôlent mieux leur bébé que moi. Pourquoi sont-elles meilleures ?

Commentaires du Dr Sears : *Ne comparez pas votre bébé aux autres. La facilité à prendre soin d'un bébé ne reflète en rien les compétences de la mère. Si votre bébé est si difficile, c'est d'abord à cause de son tempérament et non en raison de votre incompétence en tant que mère. De plus, les mères ont tendance parfois à exagérer à quel point elles ont un « bon » bébé et il est possible que vous ayez vu ces bébés sous leur meilleur jour. Rappelez-vous la loi de l'offre et de la demande : les demandes de votre bébé sont proportionnelles à l'intensité de ses besoins. Ses demandes servent à mettre en valeur le meilleur côté de ses parents afin que son tempérament se développe dans la bonne direction.*

a besoin d'être pris tout le temps pleure lorsqu'on tente de le déposer. La plupart des bébés n'ont pas de difficulté à fournir des indices, mais identifier ces indices et y répondre pose tout un défi aux parents d'un bébé aux besoins intenses.

Chaque parent a aussi la capacité d'interpréter les indices de son bébé et possède une sorte de radar qui demeure branché sur celui-ci. C'est ce qu'on appelle souvent l'intuition maternelle (ou paternelle). Lorsque le niveau de besoins du bébé et l'intuition des parents sont coordonnés, tout va bien. Le bébé est moins maussade et les parents ont confiance en eux. Par contre, quand les besoins et les indices du bébé échappent à l'intuition des parents, la famille est en crise. Mes années d'observation de parents et de bébés m'ont permis de conclure qu'il existe un principe économique dans la relation parent-enfant : la loi de l'offre et de la demande. Les parents pourront répondre aux besoins particuliers de leur enfant pourvu qu'ils adoptent un style d'art parental qui leur permette d'être plus réceptifs aux demandes de leur bébé.

Il arrive, à l'occasion, qu'une mère me confie : « J'ai parfois l'impression de n'avoir aucune intuition. Je n'ai aucune idée de ce dont mon bébé a besoin. » Le présent ouvrage vise principalement à aider les parents à augmenter leur sensibilité vis-à-vis leur bébé, c'est-à-dire leur intuition. L'intuition n'est rien de plus qu'une accumulation d'expériences qui vous permettent de comprendre et de répondre au bébé sans trop réfléchir. Si vous mettez en pratique les caractéristiques de l'art parental favorisant l'attachement décrites ci-dessus, vous apprendrez à répondre de façon intuitive à votre bébé.

Un niveau plus élevé d'hormones maternelles

L'art parental favorisant l'attachement établit une relation « hormonieuse » en même temps qu'harmonieuse. L'allaitement sans restriction aide à hausser le niveau de prolactine chez la mère. Cette hormone, qui régularise la production de lait maternel, peut également aider la mère à surmonter le stress de son nouveau rôle parental. J'aime bien considérer la prolactine comme « l'hormone de la persévérance » qui procure un stimulant supplémentaire à la mère durant les périodes éprouvantes. L'ocytocine, l'hormone qui déclenche le réflexe d'éjection du lait chez la mère, peut également calmer la mère et l'aider à se montrer plus affectueuse à l'égard de son bébé. Il peut vous sembler que l'art parental favorisant l'attachement exige de donner, donner et encore donner. Mais n'oubliez pas que lorsque la mère est réceptive et se donne à son bébé, le bébé donne quelque chose en retour en stimulant ces hormones anti-stress naturelles. Ce don mutuel a lieu lorsque la mère laisse agir la relation mère-enfant comme elle a été prévue.

Un bébé moins maussade

Les études ont révélé que les bébés, qui sont souvent pris et dont les parents répondent rapidement aux pleurs, apprennent à pleurer moins souvent. Le prochain chapitre traite davantage de cet aspect. Pratiquer l'art parental favorisant l'attachement dès les premiers instants, empêchera peut-être un bébé potentiellement maussade de le devenir ou permettra

Les bébés qui sont souvent pris apprennent à pleurer moins.

qu'il le soit moins. De nombreux bébés sont des bébés faciles lorsqu'ils font leurs débuts dans la vie puis, vers l'âge de deux semaines (après ce que j'appelle le « délai de grâce »), ils font volte-face et deviennent des bébés difficiles. Les mères diront souvent : « C'était un bébé tellement facile durant les premières semaines. On dirait maintenant une autre personne. » Cette manifestation à retardement d'un comportement maussade pourrait être évitée si on procurait au bébé un environnement plus harmonieux, avant qu'il n'ait besoin de devenir maussade pour se faire entendre. Les bébés qui n'ont pas reçu de soins attentifs dès le début se mettent à protester afin d'aviser leur entourage que des changements s'imposent.

Quels sont les avantages pour votre enfant ?

À ce stade les parents peuvent se demander : « Le style d'art parental pratiqué avec un bébé difficile ou maussade y changera-t-il quelque chose ? Puis-je vraiment influencer la façon dont mon bébé se comportera ? » La réponse est un oui retentissant ! Il est clair que les parents ne doivent pas prendre sur eux l'entière responsabilité du comportement du bébé, qu'il soit facile ou difficile. Des études ont toutefois confirmé que le style parental exerce une influence.

Il se sent mieux

Le bébé élevé selon l'art parental favorisant l'attachement se sent bien. Le bébé qui se sent bien agit bien. Il n'a pas à être maussade pour obtenir ce dont il a besoin ou, du moins, il n'a pas à être maussade longtemps. Le fait de se sentir bien réduit le stress et la désorganisation qui caractérisent de nombreux bébés maussades.

Il grandit mieux

En plus de mieux se comporter, le bébé élevé selon l'art parental favorisant l'attachement connaît une meilleure croissance physique et intellectuelle. Le bébé qui bénéficie d'un lien mère-enfant puissant utilise sa mère comme principale source d'énergie pour répondre à ses besoins et le réconforter en période de stress. Par conséquent, il gaspille moins d'énergie en compensations inefficaces et utilise plutôt cette énergie pour grandir et se développer.

Facilite la discipline

L'art parental favorisant l'attachement rapporte des dividendes lorsque les enfants grandissent. La relation de confiance et d'écoute que vous établissez en bas âge sera à la base de votre façon de guider et de discipliner votre enfant dans les années à venir. Tout ce qui suivra sera plus facile si vous apprenez à reconnaître les besoins de votre enfant et à y répondre dès le début.

RÉFÉRENCES

Liley, A. 1972. The fœtus as a personality. *Aust NZ J Psychiatr* 6,99.

Meares, R. et al. 1982. Some origins of the 'difficult' child. *Brit J Med Psychol* 55:77.

Sepkoski, C. M. et al. 1992. The effects of maternal epidural anesthesia on neonatal behavior during the first month. *Dev Med Child Neurol* 34: 1072.

VERNY, Thomas. *La vie secrète de l'enfant avant sa naissance*, Paris, Grasset, 1982.

Walker, M. 1997 Do labor medications affect breastfeeding? *J Hum Lact* 13:131.

Chapitre 4

Guide sur les pleurs à l'intention des nouvelles mamans

« **S**i seulement mon bébé pouvait parler, je pourrais savoir ce qu'il veut ! » s'exclamait une nouvelle maman. « Votre bébé peut parler, lui ai-je répondu, vous devez simplement apprendre à le comprendre. » Ce chapitre porte sur les pleurs du bébé. Il vous aidera à :

- comprendre pourquoi les bébés pleurent ;

- améliorer vos capacités d'écoute ;

- augmenter votre sensibilité ;

- apprendre à votre bébé à « mieux » pleurer ;

- diminuer le besoin de pleurer chez votre bébé.

Lorsque j'ai écrit ce chapitre la première fois, j'ai envoyé des questionnaires à plusieurs centaines de parents, leur demandant de l'information sur les conseils qu'on leur donnait le plus souvent. Une des questions était formulée ainsi : « Quels conseils recevez-vous lorsque vous dites que votre bébé se réveille en pleurant, pleure pour se faire prendre tout le temps ou pleure quand vous le déposez ? »

Le plus souvent, les parents recevaient les conseils suivants :

« Laissez-le pleurer. »
« Il doit apprendre à devenir indépendant. »
« Il vous manipule. »
« Pleurer est bon pour les poumons. »

Dans une autre partie du questionnaire, les parents devaient préciser l'effet que ces conseils avaient sur eux. Les réponses les plus fréquentes étaient les suivantes :

« Je ne peux pas le faire. »

« Cela va à l'encontre de mon instinct. »

« Ça ne me semble pas correct. »

« Je ne peux pas le laisser pleurer quand je sais comment le réconforter. »

Quatre-vingt-quinze pour cent des mères ont répondu que le conseil de laisser pleurer leur bébé ne leur semblait pas correct. J'ai appris à accorder une grande valeur à l'instinct maternel. Par conséquent, quatre-vingt-quinze pour cent des mères ne peuvent se tromper. Les résultats de ce questionnaire m'ont également appris qu'il existe une contradiction énorme entre l'intuition de la mère et ce que les autres lui disent.

Les choses n'ont pas tellement changé en dix-sept ans, depuis la parution initiale du livre. Régulièrement, un « soi-disant » expert sur les bébés écrit un livre dans lequel il explique aux parents que c'est correct de ne pas répondre aux pleurs de leur bébé. En fait, ces experts promettent même aux parents que leur enfant se portera mieux à la longue s'ils le laissent pleurer seul dans son lit. Les mères me disent encore que ce conseil ne leur semble pas correct et toutes mes années de recherche et de rédaction sur l'art parental favorisant l'attachement n'ont révélé aucune preuve appuyant l'idée selon laquelle il est bon qu'un bébé pleure.

À cause de ce malentendu permanent sur les moyens de répondre aux pleurs d'un bébé, ce chapitre est le plus long et le plus détaillé du présent ouvrage, tout comme il l'était dans l'ouvrage original. Ce chapitre est également important parce que la compréhension que vous avez des pleurs de votre bébé et la façon dont vous y répondez auront des répercussions sur de nombreux autres aspects de votre vie de parent. La relation que vous établissez aujourd'hui avec votre bébé sera à la base de votre communication au cours des années à venir.

En tant que pédiatre, cela m'a toujours bouleversé de constater à quel point les pleurs du bébé sont mal compris par les adultes. Je me sens comme un avocat plaidant la cause de mon jeune client, un client qui ne possède pas encore les capacités linguistiques nécessaires pour dire aux personnes qui en prennent soin (et à ceux qui les conseillent) : « S'il vous plaît, écoutez-moi ! »

Répondre aux pleurs du bébé est une bonne façon d'apprendre pourquoi il pleure.

Pourquoi les bébés pleurent-ils ?

Au cours des premiers mois de vie, il existe chez le bébé un véritable paradoxe : ses besoins sont à leur maximum, alors que sa capacité de les communiquer est au minimum. Un bébé ne peut nous dire dans un langage clair ce dont il a besoin. Pendant cette période où il est incapable de communiquer clairement, le bébé a un autre moyen de faire savoir à son entourage qu'il a besoin d'attention. C'est un langage qu'on appelle les pleurs.

Un bébé qui ne pleure pas a des ennuis et ses parents aussi. Même si la signification des pleurs n'est pas toujours évidente, soyez assurée que lorsqu'un bébé pleure, c'est qu'il essaie de vous faire savoir qu'il a besoin de quelque chose. Il est tout naturel pour une mère de réagir en offrant son aide et répondre à son bébé est une bonne façon d'apprendre pourquoi il pleure.

Mais que suis-je ?
Un nourrisson pleurant dans la nuit,
Un nourrisson pleurant la lumière,
N'ayant pour tout langage que les pleurs.
Alfred Lord Tennyson

Quel est le mécanisme des pleurs ? Le nourrisson ressent d'abord un besoin, du moins le sentiment d'insatisfaction qui accompagne un besoin. La prise de conscience de ce besoin déclenche soudain un réflexe d'inspiration d'air suivi d'une expiration vigoureuse. L'air ainsi énergiquement expulsé traverse les cordes vocales et les fait vibrer ; c'est cette vibration qui produit les sons qu'on appelle pleurs. Chaque bébé pleure différemment et la mère peut distinguer les pleurs de son bébé de ceux des autres bébés quelques heures à peine après la naissance. Les chercheurs appellent ces sons uniques des empreintes de pleurs. Ces empreintes sont semblables aux empreintes vocales qui sont propres à chaque individu comme le sont les empreintes digitales.

Les pleurs sont plus que de simples sons. Ils incluent également le langage corporel. Pour être pleinement déchiffrés, les pleurs d'un bébé doivent être vus et entendus. De fait, des études ont révélé que même les mères expérimentées ne peuvent pas toujours décoder la signification des pleurs de leur bébé si elles ne le voient pas. L'intensité des pleurs se lit sur le visage du bébé. Lorsque la peine est légère, le bébé garde les yeux ouverts et seule la région autour de la bouche est crispée. À mesure que les pleurs s'intensifient, les signes de détresse envahissent le haut du visage : le bébé ferme les yeux, fronce les sourcils, plisse le front. L'expression faciale du bébé donne de bons indices sur ses besoins.

Le glossaire des pleurs

Les pleurs sont déclenchés par un besoin et les bébés émettent différents signaux selon le besoin et l'intensité de celui-ci. Voici différentes sortes de pleurs et à quoi ils peuvent ressembler. (Ne perdez pas trop de temps à essayer de décoder les pleurs du bébé. La meilleure façon de découvrir la raison des pleurs du bébé est d'y répondre rapidement.)

Les pleurs de douleur

Les pleurs de douleur débutent subitement, atteignent rapidement un ton élevé et, par la suite, semblent demeurer sur ce ton pendant une éternité. Vers la fin du premier cycle respiratoire, le ton diminue d'intensité comme si le bébé commençait à manquer de souffle. Le son émis alors que le bébé inspire à nouveau est rauque, presque semblable à celui du croup, car le nourrisson accumule rapidement une nouvelle provision d'air à expulser au prochain hurlement. Le son perçant initial des pleurs de douleur ainsi que l'expression faciale du bébé va droit au cœur de toute personne qui l'entend. Sa bouche est grande ouverte, comme pour dire : « Aïe ! ». Sa langue enroulée et ses mâchoires ouvertes tremblent, ses petits poings sont crispés, ses jambes sont repliées sur son ventre. La partie des pleurs de douleur qui me touche le plus est celle où les lèvres tremblantes du bébé commencent à bleuir et où, pendant un court instant, aucun son n'est produit et puis enfin le bébé prend une nouvelle inspiration.

Les pleurs de faim

Les pleurs exprimant la faim débutent moins brusquement et augmentent progressivement d'intensité. Ils sont plus courts et moins perçants, ont une fréquence élevée et soutenue et comportent une mélodie ascendante et descendante. Les pleurs exprimant la faim sont entrecoupés de plusieurs pauses, comme pour donner à la mère le temps de se déboutonner avant que le bébé n'entreprenne toute une nouvelle série de signaux plus intenses. Avant que le bébé ne commence à pleurer, il montre d'autres signes avant-coureurs de la faim : il s'agite, suce ses doigts, cherche le sein. Ceci donne à la mère la possibilité de lui répondre avant qu'il n'ait besoin de pleurer.

Les pleurs de colère

Les pleurs de colère sont des pleurs soutenus accompagnés de trémolos très perceptibles. Ils sont émis sur un ton plus grave que les pleurs de douleur ou de faim. Les sons enroués des pleurs de colère ont pour origine l'abondante quantité d'air traversant avec force les cordes vocales. On peut parfois entendre un gargouillement dans ces pleurs quand l'air fait vibrer la salive qui se trouve dans la gorge du bébé. Les lèvres sont souvent un bon indice permettant de déceler les pleurs de colère. Elles sont pincées, bien serrées. Les pleurs de faim qui restent sans réponse peuvent devenir des pleurs de colère.

Les pleurs du bébé malade

Les pleurs du nourrisson qui ne se sent vraiment pas bien ont tendance à être émis sur un ton plus grave et sont moins intenses. Ce sont des pleurnichements et des gémissements de type « eueueu... eueueu... » qui suscitent l'empathie du parent plutôt qu'une réponse immédiate.

Les pleurs d'ennui

Les pleurs d'ennui sont des pleurnichements produits sur un ton grave, des murmures qu'on remarque, mais qui ne déclenchent pas d'alerte chez les personnes qui les entendent. La plupart des parents décodent facilement ce type de pleurs où le bébé semble dire : « Prends-moi et faisons quelque chose ensemble. »

Les pleurs de fatigue

Lorsqu'un bébé pleure parce qu'il est fatigué, les pleurs durent plus longtemps, comportent des trémolos très évidents et ressemblent au hurlement d'une sirène.

Signaux des nourrissons et réponses des parents

Les pleurs du bébé ont plusieurs caractéristiques uniques. Premièrement, les pleurs de la petite enfance sont avant tout des réflexes : ils sont automatiques. Un tout jeune bébé ne s'arrête pas à penser : « Et maintenant, comment dois-je pleurer pour obtenir mon dîner ? » Ces réflexes initiaux sont plus tard raffinés et transformés en pleurs plus délibérés et davantage orientés vers la communication à mesure que le nourrisson développe son langage. Deuxièmement, ce signal est facile à produire : le nourrisson déclenche ses pleurs moyennant très peu d'efforts. Troisièmement, les pleurs dérangent suffisamment pour alerter la personne qui prend soin du bébé afin qu'elle réponde à ce signal pour le faire cesser. Les scientifiques ont constaté que les pleurs du nourrisson sont l'un des cris humains les plus puissants. Ils ont une intensité de quatre-vingt à quatre-vingt-cinq décibels, ce qui équivaut au bruit d'un camion dépourvu de silencieux. Quatrièmement, ils ne sont toutefois pas assez dérangeants pour que le parent évite d'entrer en relation avec le bébé. Les pleurs cessent lorsque le besoin pour lequel ils ont été produits est satisfait. Peut-être ne l'avez-vous jamais réalisé, mais toutes ces caractéristiques font des pleurs du nourrisson un système de signalisation parfait.

Il est important de se rappeler que les pleurs d'un nourrisson sont un signal. Un signal est plus qu'un simple son. Il a une signification. Il vise à influencer le comportement d'une autre personne. Les pleurs du nourrisson aident le bébé à obtenir ce dont il a besoin pour survivre.

Ils activent des émotions chez les parents et les poussent à agir. Le choix du terme « activer » implique que la personne recevant les signaux est « sur la même longueur d'onde », prête à répondre. Je crois que c'est vrai. Les adultes, et même les enfants, désirent venir en aide à un bébé en pleurs. Des études ont révélé que les femmes, en général, répondent aux pleurs d'un nourrisson d'une manière plus intuitive et avec moins de restrictions que les hommes. Une mère qui allaite répond aux pleurs de son bébé par des changements hormonaux importants. Son organisme sécrète alors certaines hormones et sa circulation sanguine

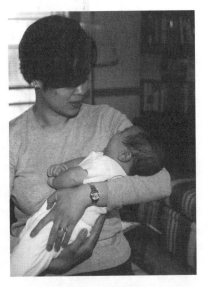

Les pleurs d'un nourrisson sont un signal destiné à susciter une réponse du parent.

augmente au niveau des seins (Vuorenkoski, 1969). Elle peut avoir un réflexe d'éjection du lait accompagné du désir irrésistible de prendre le bébé, de le réconforter et de l'allaiter. Quant aux pères, ils risquent plus facilement de se laisser influencer par le conseil de « laisser pleurer le bébé », car leur organisme ne possède pas de mécanisme biologique réagissant aux pleurs d'un bébé.

Une mère attentionnée m'a confié, un jour, à quel point elle s'était sentie coupable lorsque son mari avait trouvé leur bébé, alors âgé de deux jours, en train de pleurer dans leur chambre. Il avait emmené le bébé encore bouleversé et en pleurs dans la salle familiale. À la vue de son nouveau-né qui hurlait, la mère avait immédiatement éprouvé des remords. Jusqu'à ce jour, le bébé était resté près d'elle, à vue et à portée de voix. Cette fois-ci, elle n'avait pas été disponible pour identifier les signaux avant-coureurs des pleurs et le langage corporel du bébé indiquait clairement qu'il pleurait depuis déjà plusieurs minutes. Deux ans plus tard, la mère conservait encore un vif souvenir de l'événement.

Même les petits enfants réagissent instinctivement aux pleurs des bébés. Un jour, une mère se présente à mon bureau pour un examen de son bébé d'un mois et de sa fille de deux ans. Lorsque le nourrisson se met à pleurer, l'enfant de deux ans court rapidement à sa mère, tire sur sa jupe et s'exclame : « Maman, bébé pleure. Prends-le ! » Et la mère de commenter : « Elle est toujours comme ça. Je ne réponds jamais assez vite à sa petite sœur. » Lorsque notre fille Hayden avait six ans, nous adorions la voir répondre immédiatement et avec affection à Erin, sa sœur de deux ans, lorsqu'elle pleurait. C'est ce que nous appelions la réaction « éclair ». Lorsque Erin se réveillait de sa sieste en pleurant, Hayden, rapide comme l'éclair et brisant tous les records de vitesse, courait au secours de sa petite sœur pour la consoler.

Dès votre première rencontre avec votre bébé, considérez ses pleurs comme un signal précieux et non comme une mauvaise habitude à briser. La communication avec votre bébé commencera sur une bonne note. Les pleurs de votre bébé sont un langage à écouter, à ajuster et auquel il faut répondre.

Jusqu'à quel point le bébé « moyen » devrait-il pleurer ?

La plupart des études portant sur les pleurs du bébé montrent que celui-ci commence à pleurer plus souvent vers l'âge de deux semaines. La quantité et la fréquence des pleurs atteignent un sommet entre six et huit semaines et diminuent de façon marquée entre quatre et six mois.

De nombreuses études mentionnent que les nourrissons pleurent « en moyenne deux à trois heures par jour ». Je désire mettre les parents en garde contre la tentation de tirer des conclusions de ces études. Abondamment citées dans les livres pour les parents, ces études peuvent laisser croire qu'il est normal et même correct pour le bébé de pleurer deux à trois heures par jour. Je ne suis pas de cet avis. D'après ma propre expérience de père et de pédiatre, je ne considère certainement pas qu'il est normal qu'un bébé pleure deux à trois heures par jour et je ne voudrais pas que les parents concluent qu'il est correct de laisser pleurer leur bébé deux à trois heures par jour. Les mères ayant participé à ces études n'avaient reçu aucun conseil au sujet de ce qu'il faut faire lorsque le bébé pleure et on ne leur avait pas suggéré non plus d'utiliser toute leur compétence maternelle pour diminuer les pleurs de leur bébé. Dans les études où des chercheurs ou des mères expérimentées enseignent aux nouvelles mamans comment interpréter les besoins de leur bébé et comment y répondre, la durée totale des pleurs des bébés diminue considérablement. (Dihigo, 1998 ; Wolke, 1994). Si on reconnaît qu'un pleur est un signal et qu'on y répond adéquatement, les pleurs devraient diminuer et cesser. Dans les sociétés où c'est la norme de répondre affectueusement et immédiatement aux pleurs d'un nourrisson, la durée des pleurs dans une journée se calcule en minutes et non en heures.

Comment dois-je répondre?

Lorsque votre bébé pleure, agissez au lieu de réfléchir. Suivez le premier signal que captera votre radar. Il s'agit de votre intuition. Elle ne vous dit peut-être pas exactement pourquoi votre bébé pleure, mais elle vous avise qu'il a besoin de votre aide ou de votre soutien. Suivez-la et agissez immédiatement sans restriction. Voici pourquoi :

Les bébés qui reçoivent une réponse affectueuse et immédiate à leurs pleurs finissent par pleurer moins et avec moins d'intensité. Lorsqu'ils pleurent, leurs pleurs sont moins dérangeants. Une réponse affectueuse immédiate apprend au bébé à pleurer mieux.

Que signifie pleurer mieux? Il existe une différence considérable entre des signaux mécaniques, comme ceux d'un train ou d'une automobile, et les signaux de pleurs d'un bébé. Les bébés peuvent modifier leurs signaux d'après la réponse qu'ils obtiennent. Le récepteur de ces signaux, la mère, réagit selon la qualité des signaux. Ce sont les réponses de la mère qui enseignent au bébé que ses signaux ont une signification. Si vous répondez régulièrement, votre bébé apprend à anticiper une réponse affectueuse. Le bébé apprend qu'il peut changer les choses autour de lui et il apprend à avoir confiance que quelqu'un viendra et l'aidera à surmonter sa peine. À mesure que le bébé retient ces leçons, il découvre qu'il n'a pas à pleurer fort et désespérément pour obtenir ce dont il a besoin. En fait, il parvient à communiquer ses besoins avec des sons moins intenses, par un regard ou un geste. Il apprend qu'il peut compter sur ses parents pour le nourrir et le réconforter. Il s'habitue à se sentir bien et finit par apprendre à se sentir bien la plupart du temps, avec de moins en moins d'aide des autres.

Le bébé maussade mettra peut-être plus de temps à se sentir calme la plupart du temps. À mesure que ses besoins de réconfort diminueront, d'autres besoins les remplaceront, par exemple, le besoin de se sentir en sécurité pendant qu'il explore avec enthousiasme son environnement. Il demandera encore beaucoup d'attention. Toutefois, en investissant tôt dans la réponse accordée aux signaux d'un bébé aux besoins intenses, les parents seront récompensés par une relation de confiance et une meilleure communication qui, en retour, faciliteront leur tâche au cours des mois et des années à venir.

Qu'y a-t-il de mal à « laisser pleurer le bébé » ?

Permettez-moi de vous préparer à une objection que certains peuvent vous présenter lorsque vous insistez pour prendre votre bébé chaque fois qu'il pleure. Ils vous diront que prendre votre bébé chaque fois qu'il pleure renforce un comportement manipulateur et donne les commandes au bébé plutôt qu'au parent.

À titre d'activiste autoproclamé du « Mouvement contre les réponses parentales restrictives » qui cumule une expérience de plus de deux décennies, je peux vous proposer une défense contre ces objections. Les parents qui répondent rapidement aux signaux précédant les pleurs renforcent en fait les signaux de communication plus calmes. En étant réceptifs aux signaux précédant les pleurs, vous renforcez le développement d'autres formes de communication et de langage corporel (par exemple, se tortiller, fouiller, vocaliser et tendre les bras). À mesure que votre bébé s'exprime mieux verbalement et qu'il est davantage en mesure de se consoler par lui-même, vous constaterez que vous disposez d'un délai de réponse plus long. Lorsque vous ne répondez pas aux signaux initiaux, vous enseignez à votre bébé que les pleurs à fendre l'âme sont le meilleur moyen d'obtenir des résultats rapides. Il y a alors davantage de risques de « gâter » le bébé.

La peur injustifiée des bébés « manipulateurs » continue de marquer les méthodes d'éducation des parents modernes. Les nouveaux parents sont confrontés à une multitude de conseils ambigus sur la façon de répondre aux pleurs de leurs bébés. Bien que les chercheurs en développement de l'enfant aient démontré l'importance d'un style parental attentionné, les auteurs malavisés de livres sur les enfants (dont plusieurs ont des références douteuses) tentent encore de dire aux parents comment contrôler les cris qu'émettent naturellement les bébés et comment leur enseigner à être silencieux et à devenir rapidement autonomes. À mon avis, ils n'ont réussi qu'à produire des individus qui, en grandissant, risquent de devenir égoïstes et préoccupées uniquement par leurs propres besoins. Ils n'ont pas compris que les meilleurs êtres humains sont interdépendants, car ils ont besoin les uns des autres pour atteindre leur plein potentiel.

Arguments contre « laisser pleurer le bébé »

Devrait-on laisser pleurer le bébé? Non! Lorsque quelqu'un vous conseille de laisser pleurer votre bébé, demandez-lui ce qu'il ou elle veut dire. On vous répondra sans doute : « Eh bien, il pleure par habitude. Il sait qu'en pleurant il aura ce qu'il veut, il vous manipule. » Demandez alors : « Comment savez-vous qu'il ne pleure pas parce qu'il a besoin de quelque chose? » Au cours de la discussion qui suivra, la personne qui vous donne ces conseils devrait s'apercevoir à quel point il est injuste de juger le langage d'un tout jeune bébé sans connaître tous les faits, surtout lorsqu'on n'a aucun lien biologique avec ce bébé.

Pourquoi ce conseil de « laisser pleurer le bébé » est-il si répandu? Un examen du raisonnement sous-jacent à ce conseil vous permettra de le comprendre.

Les soins parentaux restrictifs et rigides. Le conseil de « laisser pleurer le bébé » vient d'une philosophie parentale qui prêche la restriction. Il découle de la peur injustifiée que le bébé ne « manipule » des parents vulnérables qui, en tant qu'adultes, doivent avoir le contrôle. On laisse croire aux parents qu'ils peuvent compter sur des méthodes rapides et faciles pour contrôler leurs enfants. Le conseil de « laisser pleurer le bébé » cadre bien avec le reste du programme : établir des horaires rigides, allaiter à heure fixe et tout faire selon des règles.

Les parents inexpérimentés et trop occupés veulent des réponses rapides aux dilemmes de l'éducation d'un bébé. Les méthodes rigides promettent des résultats rapides. Le conseil classique suivant en est un bon exemple : « Laissez pleurer votre bébé. Il pleurera quarante-cinq minutes la première nuit, seulement trente la seconde. Il fera ses nuits à la fin de la semaine et votre problème sera réglé. » Les parents doivent se rappeler que les problèmes difficiles, en matière d'éducation des enfants, n'ont pas de solutions faciles.

Le bébé gâté. « Mais vous gâtez votre bébé en le prenant chaque fois qu'il pleure! » Voilà une autre raison qu'on donne pour justifier le conseil de laisser pleurer le bébé. La crainte de gâter l'enfant est une autre de ces notions malheureuses qui s'est insinuée dans le langage des soins aux

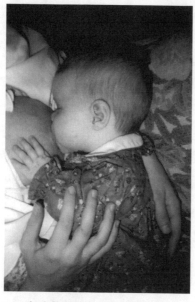

Le bébé tète autant pour se réconforter que pour s'alimenter.

enfants et qui a exercé une emprise solide sur les concepts de discipline avant que personne n'ait eu le temps d'analyser la signification du mot « gâter ». L'analogie ne fonctionne pas exactement de la manière dont les tenants de ce conseil veulent bien le croire. En effet, pour que des fruits se gâtent, il faut les oublier sur une tablette, les laisser pourrir. Par conséquent, cela veut dire que les enfants dont les pleurs n'obtiennent pas de réponse rapide risquent davantage d'être « gâtés ». En fait, vous pouvez dire aux gens, qui craignent qu'une réponse rapide aux pleurs d'un bébé en fera un enfant pleurnichard et dépendant, que la recherche a démontré exactement le contraire. Des études sur le développement classique de l'enfant (Bell & Ainsworth, 1972 ; 1977) ont en effet révélé que les enfants, ayant reçu une réponse maternelle rapide à leurs pleurs lorsqu'ils étaient bébés, étaient moins susceptibles d'utiliser les pleurs comme moyen de communication à l'âge d'un an. Ces enfants avaient plus de chances d'apprendre à recourir à des signaux tels que les gestes, les expressions faciales et les vocalisations pour communiquer avec leurs parents.

On laisse croire aux parents que s'ils prennent leur bébé chaque fois qu'il pleure, il n'apprendra pas à se consoler seul et deviendra plus exigeant à la longue. C'est faux. Le bébé qui, dès le début, obtient une réponse rapide à ses pleurs apprend à faire confiance aux autres et à anticiper une réponse. À mesure que grandit ce bébé, il est capable, généralement vers l'âge de six mois, d'attendre la réponse plus longtemps. La mère et le bébé sont tous deux satisfaits d'attendre plus longtemps avant de recourir et de répondre au signal des pleurs. Le temps que les parents investissent au début leur est donc remis plus tard.

De nombreuses études ont rejeté la théorie de l'enfant gâté. Le bébé dont les pleurs n'obtiennent pas de réponse rapide apprend souvent à pleurer plus longtemps et ses pleurs sont plus dérangeants. Des études ont démontré que les mères avaient souvent tendance à moins bien entrer en relation avec les bébés qui pleuraient longtemps et dont les pleurs étaient dérangeants. Lorsque ces bébés cessaient de pleurer en grandissant, les mères continuaient à moins entrer en relation avec ceux-ci. Pourquoi ? Parce qu'elles étaient devenues insensibles aux pleurs de leur bébé et cette insensibilité avait persisté dans la relation parent-enfant subséquente. Le conseil de laisser pleurer le bébé gâte la famille tout entière.

La discipline. On invoque souvent la nécessité de « discipliner » le bébé pour justifier le conseil de le laisser pleurer. Malheureusement, on confond souvent discipline et contrôle. La véritable discipline aide l'enfant à apprendre la maîtrise de soi. Lorsque les parents font cesser les pleurs du bébé en les ignorant, non seulement ne tiennent-ils pas compte de ses signaux et de son esprit d'initiative, mais ils apprennent au bébé à ne plus se faire confiance et à se méfier des autres. À mon avis, un parent doit d'abord écouter le bébé afin de l'aider à se contrôler. À moins que les parents ne soient réceptifs aux signaux du bébé, celui-ci ne peut apprendre à participer activement à son autodiscipline. Cette peur de laisser le bébé « prendre le contrôle » empêche les parents d'établir la base d'une discipline efficace : connaître leur enfant et l'aider à se sentir bien.

Pleurer est bon pour le bébé. « C'est bon pour ses poumons ! » disent les conseillers qui ont propagé cette idée. Les études ont démontré qu'il n'y a absolument aucun effet bénéfique à pleurer et encore moins à pleurer longtemps. Dans une étude, on a observé que, au cours des épisodes de pleurs restés sans réponse, le rythme cardiaque des bébés s'élevait à des niveaux inquiétants (plus de 200 pulsations à la minute) et le taux d'oxygène sanguin chutait (Dinwiddie,1979). Dès que ces nourrissons étaient réconfortés, leur système cardio-vasculaire revenait rapidement à la normale. Même le cœur du bébé pleure pour être réconforté. Les pleurs sont aussi bons pour les poumons que la saignée l'est pour les veines. Le bébé qu'on laisse pleurer tout seul peut finir par s'enrouer et l'enrouement peut durer plusieurs jours.

Un autre précepte erroné du folklore médical est celui stipulant qu'un bébé qui pleure est un bébé en santé. Après la naissance, le bébé obtient deux points supplémentaires sur l'échelle Apgar pour des « pleurs vigoureux ». J'ai observé et examiné des milliers de nouveau-nés tout

Pourtant j'ai fait tout ce qu'il fallait

Il y a treize mois, j'ai donné naissance à un garçon. J'avais lu beaucoup de livres. Je donnais des cours prénataux et je m'étais préparée avec grand soin. J'ai eu une belle grossesse sans trop de stress, j'avais un excellent régime alimentaire et je faisais beaucoup d'exercice. Le travail pendant l'accouchement a été facile et j'ai utilisé la méthode de relaxation de Bradley. Nous sommes restés à la clinique deux heures après la naissance et nous sommes ensuite tous trois revenus à la maison. J'ai fait tout ce qu'il fallait. Alex dormait près de moi et tétait toute la nuit. Je le portais dans le porte-bébé, je répondais à ses signaux et je l'allaitais sur demande. Je m'attendais à vivre une transition calme et sereine vers la maternité. Je me sentais extrêmement confiante.

Alex a souffert de coliques, hurlant chaque soir pendant trois à cinq heures. Il ne faisait jamais de sieste et pleurait chaque fois que je le déposais. Il n'aimait pas le porte-bébé, a fait une grève de la tétée à deux mois, trois crises de colère à quatre mois, hurlait chaque fois qu'on l'emmenait en voiture et refusait totalement le biberon. Ma confiance a cédé la place au doute et au désespoir. Toutes mes amies utilisaient une approche beaucoup plus rigide avec leurs enfants et on me critiquait souvent, me disant que j'étais en train d'élever un monstre qui dépendait trop de moi et qui essayait de contrôler ma vie. C'était difficile à encaisser. J'étais en plein désarroi.

Une bonne part de ce que j'ai vécu avec Alex fait désormais partie du passé mais, avec mon prochain bébé, j'aurai la confiance qui me manquait alors. Je vais également me faire de nouvelles amies, c'est-à-dire des mères qui ont choisi de répondre aux besoins de leurs enfants de la même façon que moi. Je sais que mes amies étaient bien intentionnées, mais elles ne m'ont été d'aucun secours.

> **Commentaires du Dr Sears :** *Il faut retenir de cette lettre le passage où la mère dit : « J'ai fait tout ce qu'il fallait. » Cette mère n'était pas responsable du comportement difficile de son bébé. Dès le départ, il y a des bébés qui sont maussades. Il est important de vous entourer d'amies qui partagent votre style de maternage. Sinon, vous risquez d'être déconcertée parce que vos amies peuvent miner votre confiance en vous.*

juste après leur naissance et j'en suis venu à la conclusion qu'un état d'éveil calme est plus bénéfique au bébé que des pleurs vigoureux. Pleurer est si « bon » pour les bambins qu'ils retiennent souvent leur souffle et s'évanouissent lorsqu'une crise de pleurs échappe à tout contrôle. En plus de n'être d'aucun avantage pour les poumons, des épisodes récurrents de pleurs restés sans réponse risquent d'être préjudiciables au développement global du bébé, probablement parce qu'il doit alors déployer trop d'énergie pour se consoler par ses propres moyens (Torda, 1976).

Les effets sur la mère

Le conseil de laisser pleurer le bébé laisse les mères perplexes, car il va à l'encontre de leur propre intuition. Le bébé n'est pas fait pour être laissé seul à pleurer et la mère n'est pas faite pour laisser pleurer son bébé. Sachez que les pleurs du bébé et le désir de la mère d'y répondre constituent un système de communication mère-bébé unique conçu pour assurer la survie de l'enfant et la formation du parent. Ignorez tout conseil qui nuit à ce système de communication et qui ne vous convient pas. Certaines nouvelles mères hésitent à se fier à leur propre intuition plutôt qu'aux conseils des « spécialistes ». Elles peuvent même se sentir coupables de ne pas suivre ces conseils. L'amour qu'elles portent à leur enfant les rend sensibles à tout commentaire voulant insinuer qu'elles ne font pas tout ce qu'il faut pour leur bébé. Je crois que les conseillers qui ont la confiance des mères ne devraient pas les perturber ainsi.

Désensibilisation. La nouvelle mère qui se retient de répondre à son bébé devient insensible à ses besoins. Le conseil de laisser pleurer le bébé encourage la mère à ne pas écouter son bébé ou son propre instinct. Dans le passé, certains livres portant sur les soins aux enfants exhortaient même les mères à « endurcir leur cœur ». Si la mère écoute les conseils de quelqu'un d'autre au lieu d'écouter son instinct et continue d'ignorer les indices de son bébé, elle n'apprend pas à avoir confiance en elle ou en son bébé. Elle s'attirera des ennuis. Elle deviendra insensible à son bébé et sa confiance en elle à titre de parent diminuera.

Les effets sur le bébé

Ne pas répondre aux pleurs d'un bébé mine sa confiance. Le développement d'une relation de confiance avec ses parents détermine le type de relations que le bébé aura avec les autres dans le futur. L'enfant apprend à faire confiance dans la mesure où on lui fait confiance. Plus un bébé a confiance en ses propres indices de pleurs, plus il est motivé à développer de meilleures formes de communication. Plus un bébé a confiance que sa mère lui répondra, plus il sera à l'aise de faire confiance aux autres dans les années à venir.

Un jour, lors d'une émission à la radio, j'ai expliqué pourquoi les parents ne devaient pas laisser leur bébé pleurer seul. Le lendemain, une de mes clientes m'a emmené Timothy, son fils de cinq ans. La mère m'a dit : « Nous vous avons entendu à la radio hier. Lorsque vous avez raconté à quel point un bébé était triste quand ses parents le laissaient pleurer seul dans son berceau, Timothy a dit : "Pauvre petit garçon ! Je me souviens quand toi et papa me laissiez pleurer !" »

« **Mais ça fonctionne !** » Oui, certains bébés finiront par se lasser de pleurer, abandonneront et s'endormiront. Le conseil de laisser pleurer le bébé peut fonctionner pour le bébé facile, qui se console par ses propres moyens (quoiqu'il y a aussi de bonnes raisons de ne pas laisser pleurer le bébé facile). Il fonctionne rarement dans le cas du bébé aux besoins intenses. Aux centaines de parents à qui j'ai posé la question, presque tous ont répondu qu'ils étaient incapables de laisser pleurer leur bébé et la majorité de ceux qui l'avaient essayé ont dit que ça ne fonctionnait pas. Vous souvenez-vous de la mère qui se retenait de répondre affectueusement aux pleurs de son bébé ? Il s'est mis à pleurer de plus belle, de plus en plus fâché. La mère elle-même a dit : « Je ne le referai jamais plus. » Sa culpabilité et la colère du bébé ont révélé que quelque chose était allé de travers dans le système de communication mère-bébé fondé auparavant sur la confiance.

La non-réponse (je crois qu'elle est non responsable) aux pleurs du bébé peut sembler raisonnable. Si un comportement n'est pas renforcé ou n'obtient aucune réponse, il disparaît; un phénomène que les psychologues appellent extinction. Mais qu'est-ce qui disparaît lorsqu'un parent ignore sans cesse les pleurs de son bébé? C'est la capacité du bébé à communiquer qui s'éteint ainsi que sa confiance en ses parents. En ne répondant pas aux pleurs de votre bébé, vous lui enseignez à démissionner, à désespérer. Tout le monde y perd.

Réconforter n'est pas contrôler

Je crois qu'il existe des arguments très convaincants contre le conseil de laisser pleurer le bébé. J'espère que mes conseils aideront les bébés à pleurer mieux et les parents à mieux écouter. Lorsqu'un bébé pleure, quelqu'un devrait l'écouter. Cela ne veut pas dire que vous serez toujours capable de faire cesser les pleurs de votre bébé ou que vous devez prendre votre bébé et le consoler chaque fois qu'il émet un son. Il arrivera à votre bébé de pleurer et ce, peu importe ce que vous tenterez de faire pour le consoler. Il est important que vous soyez présente pour votre bébé, mais ne croyez pas que vous devez absolument faire cesser ses pleurs. Réconforter un bébé n'a rien à voir avec le contrôle.

À mesure que le bébé grandit, la mère apprend quand attendre quelques minutes avant de lui venir en aide. Les cris qui signifient « je tente de m'en sortir seul » n'ont pas la même urgence que les pleurs. Si vous y répondez avec anxiété, en vous dépêchant d'aider le bébé à résoudre son problème, il peut en conclure qu'il est incapable d'agir seul de façon autonome. Il ressentira votre anxiété et deviendra trop prudent et inquiet au lieu de croire davantage en ses capacités. Votre rôle de parent consiste à aider votre bébé à apprendre ce dont il a besoin pour être heureux et réussir. Lorsqu'il est âgé de quelques semaines, il doit apprendre que son inconfort sera suivi de réconfort. Plus tard, une mère sensible et attentive pourra en témoigner, le bébé sera prêt à apprendre qu'il peut supporter quelques minutes de frustration alors qu'il affronte de nouveaux défis.

Comment survivre

Comme les pleurs sont une forme de langage entre un être qui parle (le bébé) et un autre qui écoute (habituellement la mère), les conseils de

Je me suis toujours demandée à quel point mon bébé se souviendrait plus tard des efforts que j'ai mis à le materner. L'anecdote suivante m'a convaincue que ces efforts ont vraiment des effets durables.

Une de mes amies, âgée de vingt-deux ans, a récemment tenté de se suicider. Au cours d'une séance de psychanalyse intensive suivant sa tentative, elle s'est remémorée une scène de sa petite enfance où elle se trouvait seule dans son berceau, pleurant désespérément. Elle a alors éclaté en sanglots, s'écriant : « Je me sentais si seule et personne n'était là pour me prendre ! »

Commentaires du Dr Sears : *Les chercheurs dans le domaine de la mémoire croient que nous n'oublions jamais entièrement ce qui nous arrive : tous les événements, et surtout les événements traumatisants, y sont gravés de façon permanente. Je crois que le bébé aux besoins intenses, à cause de son hypersensibilité, est peut-être doué d'une mémoire particulièrement vive.*

survie s'adressent aux deux membres de ce réseau de communication. Vous pouvez apprendre à minimiser l'aspect perturbateur des pleurs de votre bébé en l'entraînant à pleurer mieux et vous pouvez également augmenter votre sensibilité et votre tolérance aux pleurs du bébé. Voici quelques conseils destinés à adoucir le comportement de votre bébé ainsi que le vôtre :

Une période post-partum paisible

Nombreux sont les bébés qui ne manifestent aucun comportement maussade avant l'âge de deux semaines. J'appelle cette période le délai de grâce de deux semaines. C'est comme si certains bébés naissaient avec un tempérament difficile latent et qu'ils accordaient à leurs parents un répit de deux semaines pour leur permettre d'adoucir leur tempérament. Si les bébés ne reçoivent pas alors l'aide dont ils ont besoin, ils commencent à être maussades.

La plupart des bébés, toutefois, affichent leurs vraies couleurs très tôt. Vous pouvez généralement identifier un bébé aux besoins intenses dès la naissance. C'est comme s'il vous disait : « Bonjour, maman ! Bonjour, papa ! Je suis un bébé au-dessus de la moyenne et j'ai besoin de soins parentaux au-dessus de la moyenne. Si vous me les donnez, tout ira bien. Sinon, nous aurons quelques difficultés en cours de route. »

Il faudrait commencer à diminuer l'intensité des pleurs du bébé dès sa naissance, lorsque les parents et le bébé passent un peu de temps ensemble afin d'apprendre à se connaître. Une heure ou deux après la naissance, le bébé entre dans un état d'éveil calme. Il contemple le monde qui l'entoure et cherche les yeux et les autres traits du visage de ses parents. C'est à ce moment que le père et la mère peuvent s'attacher positivement à leur nouveau bébé et que le bébé apprend à se sentir calme et à l'aise, blotti dans les bras de son père ou au sein de sa mère.

La cohabitation pendant le séjour de la mère et du bébé à l'hôpital maintient ce lien d'attachement. Des études ont démontré que la mère et le bébé profitaient tous deux de la cohabitation. Les bébés qui cohabitaient avec leur mère pleuraient moins et les mères réagissaient mieux en post-partum aux pleurs de ceux-ci (Greenberg, 1973). Le syndrome de détresse du nourrisson (tempérament maussade, coliques, pleurs incessants) est plus fréquent chez les bébés nés dans des hôpitaux où les bébés sont placés dans des pouponnières centrales plutôt qu'avec leur mère (Craven, 1979).

Imaginez les premiers jours de vie d'un bébé en pouponnière, loin de sa propre mère. Le nouveau-né est couché dans une boîte de plastique. Il se réveille affamé et tourne la tête à la recherche de quelque chose pour se nourrir. Il peut parfois arriver à trouver son poing et le téter quelques instants. Vite, le bébé devient plus anxieux et commence à gémir et à pleurer en chœur avec vingt autres bébés affamés, couchés dans des boîtes de plastique, qui ont tous réussi à se réveiller mutuellement. Une personne affectée à leurs soins mais sans aucun lien d'attachement biologique avec eux, donc aucun mécanisme physiologique interne lui permettant de réagir à ces bébés, entend leurs premiers pleurs favorisant l'attachement et y répond quand elle le peut. Le bébé affamé qui pleure est emmené à sa mère. À ce moment, les pleurs du nouveau-né sont peut-être hors de contrôle ou ce dernier est si contrarié qu'il a abandonné, s'est refermé sur lui-même et s'est réfugié dans le sommeil.

Pendant ce temps, la mère a manqué la scène d'ouverture de ce drame biologique parce qu'elle n'était pas dans la pouponnière quand son bébé a commencé à pleurer. Elle n'a pas vu les premiers signes de faim et n'a pas entendu les gémissements qui lui auraient fait prendre ce bébé qui avait besoin d'elle. Au lieu de cela, on lui demande de répondre affectueusement à un bébé qui par son comportement, que ce soit des pleurs intenses et dérangeants ou un sommeil profond, lui donne l'impression qu'il ne l'aime pas. Lorsque la mère doit attendre qu'on lui amène son bébé de l'autre bout de l'unité des naissances, elle n'entend que les pleurs qui risquent de susciter chez elle de l'inquiétude ou une réponse d'évitement. Même si la mère possède un lien d'attachement biologique avec le bébé et qu'elle a un sein réconfortant à lui offrir, elle est tendue. Son bébé, lui aussi, est trop tendu pour téter adéquatement, le réflexe d'éjection du lait ne fonctionne pas et le bébé se met à hurler de plus belle. La mère éprouve un sentiment d'échec alors que les « experts » de la pouponnière prennent la relève avec un biberon de préparation lactée. Ceci engendre d'autres séparations, d'autres indices manqués et d'autres brisures du lien mère-enfant. La mère et son bébé quitteront peut-être l'hôpital ensemble, mais ils se sentiront comme des étrangers lorsqu'ils arriveront à la maison.

Voyez la différence avec le bébé qui cohabite avec sa mère. Il se réveille dans la chambre de celle-ci, peut-être même dans ses bras. La mère répond promptement aux signaux qu'il émet avant de pleurer et elle le met au sein avant même qu'il n'ait besoin de pleurer. Si toutefois le bébé pleure, il s'agit de pleurs initiaux favorisant l'attachement qui, lorsqu'ils reçoivent une réponse rapide et affectueuse, ne risquent jamais de devenir des pleurs dérangeants. Les pleurs favorisant l'attachement déclenchent une réponse hormonale chez la mère, son réflexe d'éjection fonctionne bien et, du point de vue biologique, la mère et son nouveau-né sont en harmonie. Le bébé en pouponnière pleure plus fort, tandis que le bébé qui cohabite apprend à pleurer mieux au cours des premiers jours suivant la naissance.

Horaires de tétées flexibles

Les horaires de tétées rigides provoquent des pleurs excessifs et inutiles (Bernai, 1979). Nourrir le bébé chaque fois qu'il montre des signes de faim lui évitera d'avoir à pleurer plus fort pour se faire entendre. Comme l'indique l'American Academy of Pediatrics (1997) dans sa déclaration recommandant l'allaitement : « Les pleurs sont un indicateur tardif de la faim. »

Les bébés tètent pour se réconforter autant que s'alimenter. Parfois ils réclament un « dessert » quinze à vingt minutes après leur « dîner ». Faire attendre un bébé pour le nourrir à une heure précise n'a aucun sens, surtout si l'on se rappelle que les bébés ne savent pas lire l'heure, qu'ils ne comprennent pas la signification de « bientôt » ou de « attend ». En suivant les indices de faim de votre bébé plutôt que votre montre, vous pourrez diminuer et adoucir ses pleurs.

Portez votre bébé

Habituez-vous à porter votre bébé. Le bébé que l'on porte beaucoup pleure moins. Une étude a révélé que le fait de porter les bébés trois heures de plus chaque jour réduisait de quarante-cinq pour cent leurs épisodes de pleurs (Hunziker & Barr 1986). La plupart des bébés sont heureux lorsqu'ils sont dans les bras de leurs parents. Ils apprécient le mouvement, le sentiment de sécurité, la sensation que leurs bras et leurs jambes sont retenus et contrôlés au lieu de battre dans les airs. Si votre bébé aux besoins intenses est heureux dans vos bras, ne perdez pas votre énergie à essayer de lui faire aimer son lit ou son siège d'enfant. Apprenez à utiliser une écharpe porte-bébé et profitez de cette proximité.

Développez votre sensibilité

Lorsque votre bébé pleure, ne vous arrêtez pas pour vous demander : « Pourquoi pleure-t-il ? Qu'attend-il de moi ? Essaie-t-il de me manipuler ? Veut-il profiter de moi ? Suis-je en train de le gâter ? » Si vous tenez absolument à analyser en profondeur votre réaction, attendez de le faire après avoir satisfait votre enfant. Ce n'est tout simplement pas efficace d'attendre de comprendre ce qui ce passe avant de répondre aux pleurs de votre bébé. La communication mère-enfant relève davantage de l'art que de la science. Les pleurs sont le langage unique et personnel du bébé. Il n'y a pas deux bébés qui pleurent de la même manière et il n'y a pas non plus deux systèmes de communication mère-bébé qui fonctionnent de façon identique. Afin de développer sa sensibilité, la mère doit être réceptive aux pleurs de son bébé et y répondre sans restriction. Prenez le risque. Votre première impulsion sera probablement la bonne. Si ce n'est pas le cas, la plainte de votre bébé aura tout de même reçu une forme de réponse et votre bébé sera encouragé à continuer à communiquer.

Certaines mères avoueront : « J'ai l'impression de n'avoir aucune intuition. Je ne sais vraiment pas pourquoi mon bébé pleure. » Il est plus important de simplement répondre aux pleurs du bébé plutôt que d'essayer de comprendre pourquoi il pleure. Je crois fermement que chaque mère possède un système de radar intégré (l'intuition) qui s'ajustera avec le temps aux signaux de son bébé. Pour ce faire, il faut créer les conditions qui permettront à cette conscience intérieure de se développer. Être réceptive aux pleurs de votre bébé et y répondre immédiatement permet à cette intuition de se développer. Se retenir de répondre nuit à son développement. Certaines mères mettent un peu plus de temps que d'autres à acquérir cette sensibilité aux pleurs de leur bébé et certains bébés prennent un peu plus de temps à répondre aux mesures de réconfort de leur mère. Toutefois, vous réussirez tous deux dans la mesure où vous laisserez la communication s'établir comme il se doit.

Lorsque j'utilise le terme intuition, je ne parle pas d'une forme mystérieuse de perception parentale extra-sensorielle qui s'active à la conception ou à la naissance d'un enfant. L'intuition vient de l'accumulation d'expériences, de beaucoup de petites révélations et d'observations acquises au cours de tout ce temps que vous passez avec votre bébé et des nombreuses façons dont vous répondez à ses besoins. Utiliser votre intuition maternelle est un peu comme monter à bicyclette. Vous l'apprenez sans trop penser à tous les ajustements qu'il faut faire pour rester en équilibre et aller de l'avant.

Augmentez la base biologique de votre sensibilité. La mère qui allaite a un taux élevé d'une hormone appelée prolactine. On y réfère parfois comme étant l'hormone maternelle. Bien que la science tarde à démontrer qu'elle joue un rôle dans les comportements humains de maternage (qui sont très complexes), nous savons que la prolactine permet au corps de mieux gérer le stress et les recherches ont démontré que les mères qui allaitent ont une meilleure tolérance au stress. J'ai également surnommé cette substance l'hormone de la persévérance, car elle peut vous aider à rester calme et à continuer à materner votre bébé.

La succion du bébé au sein stimule la sécrétion de prolactine. Le taux de prolactine augmente durant l'allaitement. C'est la fréquence, encore plus que l'intensité de la succion, qui exerce l'effet le plus marqué sur le taux de prolactine. Par conséquent, l'allaitement sans restriction augmente le taux de prolactine. La sensation de calme et de relaxation ressentie par les mères durant les séances d'allaitement, grâce à la prolactine et à l'ocytocine, une autre hormone de l'allaitement, est la façon prévue par la nature de récompenser les mères qui s'occupent de leur bébé.

La mère qui passe plus de temps avec son bébé augmente également sa sensibilité. Toucher son bébé, lui faire sa toilette et simplement le blottir contre soi aide à mieux le connaître. Contempler son bébé, lui parler, le regarder dans les yeux et dormir avec lui sont d'autres moyens de nourrir l'intuition maternelle. N'attendez pas que votre bébé se fâche et pleure avant de le prendre. De nombreux contacts positifs avec votre bébé, simplement parce que vous l'aimez, contribueront à augmenter vos réserves de patience et d'empathie pour les fois où ses pleurs et son humeur maussade le feront paraître moins adorable.

Vos sentiments après les pleurs. De temps à autre, examinez les sentiments qui vous animent après avoir répondu sans restriction aux pleurs de votre bébé. Je crois que chaque mère est équipée d'un capteur interne. Elle se sent bien lorsqu'elle répond correctement à son bébé et se sent mal lorsqu'elle ne le fait pas. Imaginez-vous dotée d'un ordinateur interne équipé de plusieurs boutons-réponse. Sur l'un des boutons on peut lire : « Alerte rouge : se précipiter et répondre immédiatement ». Sur un autre se trouve la mention : « Attendre un peu ». Enfin, un autre bouton affiche une réponse à mi-chemin entre les deux premières. Si votre bébé pleure et que vous poussez le bouton approprié, vous avez l'impression d'avoir bien fait. Si votre bébé déclenche l'alerte rouge, mais que vous ne répondez pas rapidement à cause d'interférences extérieures (« Ma belle-mère m'a dit que je gâtais mon bébé »), vous avez le sentiment de ne pas avoir agi correctement. Le voyant de la culpabilité s'allume et vous jurez de prêter davantage attention au signal la prochaine fois.

Une mère attentionnée ayant un bébé aux besoins intenses m'a raconté l'histoire suivante : « Mon bébé était en train de m'épuiser. Une nuit où, comme d'habitude, il s'est réveillé en pleurant à trois heures du matin, j'ai décidé de le laisser pleurer. Mon Dieu, qu'il était enragé ! Je ne le referai jamais plus. Je me suis sentie si coupable ! Ses pleurs nous ont fait mal à tous les deux. » Je lui ai répondu : « Vous avez développé une saine culpabilité. Vous êtes en bonne voie de devenir une mère sensible aux besoins de son bébé. » Quand vient le moment de répondre aux pleurs du bébé, personne d'autre ne peut lire les signaux pour vous. Votre détecteur maternel n'est sensible qu'à votre propre bébé.

Une sensibilité maximale. Une mère dont le bébé était presque collé à elle depuis sa naissance m'a dit un jour : « Il est rare que mon bébé pleure. Il n'en a pas besoin. » Une mère peut être tellement à l'écoute des indices fournis par son bébé qu'il n'aura plus besoin de pleurer pour obtenir ce qu'il désire. Vous et votre bébé n'atteindrez peut-être pas ce niveau d'harmonie chaque fois, mais, à mesure que votre bébé apprendra à mieux communiquer et que vous apprendrez à augmenter votre sensibilité, vous passerez plus de temps à profiter du bonheur d'être avec votre bébé qu'à vous demander ce dont il a besoin.

Les parents qui pratiquent l'art parental favorisant l'attachement sont à l'écoute des indicateurs de stress de leur bébé et y répondront souvent avant que celui-ci ne se mette à pleurer. Plus le bébé grandit, plus il est facile de lire les signaux. Lorsqu'un enfant de deux ans vous regarde et vous tend les bras, il envoie le message suivant : « Prends-moi ! » Ignorez ce premier indice et vous l'entendrez bientôt pleurnicher. Si vous ne répondez toujours pas, ce pleurnichement se transformera en véritables pleurs. Comme je n'ai jamais eu un seuil de tolérance très élevé vis-à-vis les pleurs d'un bébé, j'ai tendance à être très attentif au premier indice. Les parents qui pratiquent l'art parental favorisant l'attachement se facilitent la vie lorsqu'ils créent à la maison un environnement réceptif afin que les bébés aient rarement, ou pas du tout, besoin de pleurer fort et longtemps pour obtenir ce dont ils ont besoin.

Lorsque les pleurs deviennent intolérables

Une raison pour laquelle les pleurs obtiennent une réponse est qu'ils ont un effet perturbateur sur la personne qui les entend. La mère surtout a de bonnes chances de penser : « Je suis incapable de l'entendre pleurer plus longtemps. » Les pleurs existent pour être apaisés. Idéalement, ils devraient déranger suffisamment pour susciter un comportement d'attachement ou de réconfort, mais pas assez pour rebuter ceux qui les entendent. Les pleurs sont des comportements essentiellement destinés à promouvoir l'attachement et à rapprocher la mère et son bébé. Les pleurs d'un bébé provoquent l'empathie chez le parent, c'est-à-dire que le parent partage la peine du bébé.

Toutefois, les pleurs incessants du bébé maussade risquent d'avoir un effet négatif ou aliénant sur la mère. Les parents d'un bébé maussade peuvent se lasser de se mettre « dans la peau » du bébé. L'amour profond qui unit les parents à leur enfant les rend particulièrement vulnérables au stress causé par cette empathie. Si vous savez que vous avez un bébé difficile ou croyez en avoir un, vous devez réaliser que vous risquez davantage, dès le départ, de développer une interprétation malsaine des pleurs de votre bébé. Des études ont démontré que les mères, qui perçoivent très tôt leur nourrisson comme difficile et qui se retiennent davantage de répondre aux pleurs de leur bébé, sont moins susceptibles de s'engager dans une vocalisation réciproque avec leur bébé plus tard (Shaw, 1977). En d'autres mots, elles n'apprennent pas à profiter du bonheur d'être avec leur bébé. En général, les pleurs des bébés difficiles sont plus fréquemment mal interprétés que ceux des bébés faciles. Le bébé difficile est également plus souvent traité de bébé « gâté ». Il s'agit peut-être d'une façon de se protéger face au stress que les pleurs du bébé exercent continuellement sur le cœur des parents.

La mère peut ressentir une grande colère. Elle peut être en colère contre son bébé parce qu'il est si difficile et qu'il ne répond pas à ses soins affectueux . Elle est en colère contre elle-même parce qu'elle se sent incapable de réconforter son bébé maussade et elle est encore plus en colère contre elle-même parce qu'elle est en colère contre son bébé. Toutes les mères que j'ai conseillées se sont mises en colère contre leur bébé à un moment ou à un autre. Cette colère vient de la frustration de ne pas pouvoir atteindre le bébé. Elle peut aussi résulter de la déception : le bébé que vous avez eu n'est pas le bébé calme et heureux que vous aviez imaginé. Il est important d'admettre votre colère. Le sentiment de culpabilité de Janet est une conséquence normale de son amour et de sa sensibilité à l'égard de son bébé, mais il est également important pour Janet de reconnaître et d'accepter sa colère. Le fait d'en parler avec un mari compatissant ou un ami en qui vous avez confiance peut aider.

« Ferme-la et fiche-moi la paix ! » a crié Janet à son bébé de quatre mois qui ne cessait de pleurer depuis des heures. Elle a admis plus tard s'être sentie terriblement coupable d'avoir cédé ainsi à la colère.

Commentaires du Dr Sears : *Des milliers de mères de bébés aux besoins intenses vivent des sentiments ambivalents similaires. L'amour et l'inquiétude qu'éprouvent ces mères pour leur bébé les rendent particulièrement sensibles aux émotions qui détruisent l'image de mère parfaite qu'elles ont d'elles-mêmes. Même si elle n'a pas exprimé physiquement sa colère, Janet se sent coupable car une bonne mère ne doit pas se mettre en colère contre son bébé. Or cette croyance est fausse.*

De par sa nature, le bébé difficile émet des indices plus intenses. L'intensité accrue de ses pleurs peut, au début, susciter des réponses plus intenses. Toutefois, ces pleurs soutenus peuvent également devenir de plus en plus perturbateurs, déclenchant alors ce que j'appelle une « réponse inversée ». La personne entendant les pleurs en a plein le dos et les pleurs commencent à provoquer une réaction d'évitement. Cette réaction est normale et saine jusqu'à un certain point, car elle permet d'éviter de perdre la raison. Toutefois, lorsque les réponses d'évitement vont en s'accroissant et que la réceptivité va en diminuant, c'est un premier signe, un avertissement que la relation entre la mère et son bébé est en train de se détériorer. Il est peut-être temps de chercher de l'aide professionnelle auprès de quelqu'un qui comprend pourquoi les bébés pleurent, qui sait ce que peuvent faire les mères pour les réconforter et comment elles peuvent prendre soin d'elles-mêmes afin de mieux gérer le stress de s'occuper d'un bébé maussade. Parlez-en à votre pédiatre, faites appel à un groupe d'entraide comme la Ligue La Leche ou parlez à un conseiller qui a de l'expérience dans les soins aux nouvelles mères.

Le bébé maussade et la maltraitance

Un jour, alors que je donnais des conseils aux parents d'un bébé aux besoins intenses, la mère désigna par inadvertance le sien comme étant un bébé à risque élevé. D'une certaine manière, elle avait raison. Le bébé aux besoins intenses risque davantage d'être maltraité.

Idéalement, les pleurs devraient être suffisamment puissants pour susciter l'empathie, mais pas assez dérangeants pour déclencher une réponse d'évitement ou de la colère. Des pleurs incessants et dérangeants peuvent provoquer la maltraitance. Une analyse de cas d'enfants maltraités à cause des pleurs a révélé que le système de communication était déjà détruit dans ces relations parent-enfant (Ounsted, 1974) :

- Les parents qui battaient leur bébé étaient les plus susceptibles d'avoir pratiqué un style rigide de soins parentaux.
- Ces parents étaient plus enclins à décrire leur bébé comme « difficile ».
- Les bébés battus, en général, avaient des pleurs plus dérangeants.

Le système de communication était détruit parce qu'on n'avait pas répondu promptement dès le début aux pleurs du bébé pendant la petite enfance. Ces bébés avaient appris à pleurer plus fort au lieu de pleurer mieux. Avec le résultat que les pleurs étaient devenus plus dérangeants et avaient commencé à déclencher des réactions de colère, plutôt que de compassion, chez un parent présentant déjà un risque élevé de maltraiter son enfant.

Des conseils et un suivi précoce auraient peut-être réussi à enseigner à ces parents à déchiffrer les pleurs de leur bébé. Leur bébé aurait pu apprendre à pleurer d'une manière plus efficace, et ce, dès le début. Les pleurs du bébé auraient alors suscité une réponse empathique plutôt que de provoquer la colère chez le parent. La prévention de la maltraitance est un autre exemple des avantages pour les parents et les bébés d'apprendre à s'écouter mutuellement.

RÉFÉRENCES

American Academy of Pediatrics Work Group on Breastfeeding. 1997. Breastfeeding and the use of human milk. *Pediatrics* 100:1035.

Bell, S. M. and Ainsworth, M. D. 1972. Infant crying and maternal responsiveness. *Child Dev* 43:1171.

——————. 1977. Infant crying and maternal responsiveness: A rejoiner to Gewintz and Boyd. *Child Dev* 48:1208.

Bernal, I. 1972. Crying during the first 10 days of life and maternal responses, *Dev Med Child Neurol* 14:362.

Dihigo, S. K. 1998. New strategies for the treatment of colic: Modifying the parent/infant interaction. *J Pediatr Health Care* 12:256.

Dinwiddie, R. et al. 1979. Cardiopulmonary changes in the crying neonate. *Pediatr Res* 13:900.

Greenberg, M. et al. 1973. First mothers rooming in with their newborn: its impact upon the mother, *Am J Orthopsychiatr* 43:783.

Hunziker, U. and Barr, R. 1986. Increased carrying reduces infant crying: A randomized controlled trial, *Pediatrics* 77:641.

Ounsted, C. et al. 1974. Aspects of bonding failure: The psychopathology and psychotherapeutic treatment of families of battered children. *Dev Med Child Neurol* 16:447.

Torda, C. 1976. Effects of postnatal stress on visual and auditory evoked potential. *Perceptual Motor Skills* 43:315.

Vuorenkoski,V. et al. 1969. The effect of cry stimulus on the temperature of the lactating breast of primipara: A thermographic study. *Experientia* 25:1286.

Wolke, D. et al. 1994. Excessive infant crying : A controlled study of mothers helping mothers, *Pediatrics* 94:322.

Chapitre 5

Comment s'occuper du bébé qui souffre de coliques

Si vous n'êtes pas certaine d'avoir un bébé qui souffre de coliques, c'est sans doute que vous n'en avez pas un. Le bébé qui souffre de coliques ne laisse planer aucun doute chez ses parents : il est véritablement à l'agonie. Il a mal et ses pleurs, ainsi que son langage corporel, en témoignent de façon éloquente. On n'apaise pas facilement ses pleurs en le prenant, en le nourrissant ou en le promenant. Je préfère décrire le bébé qui souffre de coliques comme un bébé « qui a mal ». Cette description motive davantage les parents et les médecins à trouver des façons de soulager la douleur du bébé, plutôt que de se contenter de lever les épaules en disant que « ce ne sont que des coliques».

Le bébé maussade et le bébé qui souffre de coliques se ressemblent à bien des égards. Dans le présent volume, je désigne le bébé qui hurle de bébé qui souffre de coliques ou de bébé qui a mal si ses pleurs semblent être surtout d'origine physique et de bébé maussade si ses pleurs semblent être surtout liés à son tempérament. Sachez qu'un bébé qui a mal ou qui souffre de coliques peut également être maussade pour d'autres raisons. De même, le bébé maussade peut parfois vivre une détresse psychologique avec une urgence semblable à celle de la douleur physique. Je tiens à préciser dès maintenant que votre réponse aux pleurs du bébé, que ce soit parce qu'il souffre de coliques ou qu'il est maussade, est plus importante que la définition que vous leur donnez.

Combien de bébés souffrent de coliques? Il est difficile d'évaluer la véritable fréquence des coliques puisque les pleurs excessifs ont des significations différentes selon les parents et les chercheurs. La plupart des études prétendent qu'environ douze à seize pour cent des bébés connaîtraient des épisodes de coliques au cours des premiers six mois de leur existence. L'ensemble des bébés qui souffrent de coliques et des bébés maussades (les bébés qui pleurent beaucoup) se situerait aux environs de vingt-cinq pour cent.

Portrait du bébé qui souffre de coliques

Les pleurs que les médecins qualifient de coliques ne sont pas une maladie mais un syndrome, c'est-à-dire un ensemble de symptômes. Un bébé qui souffre de coliques hurle à cause de douleurs physiques intenses. Il replie les jambes sur son abdomen tendu et serre les poings, vraisemblablement de colère à cause de cette douleur incontrôlable. Le bébé souffrant de coliques informe ses parents qu'il a mal, mais ils se sentent aussi impuissants que lui à en déterminer la cause et à le soulager. La nature violente et intolérable des pleurs dus aux coliques pousse les parents à bout. Ces pleurs sont paroxystiques, c'est-à-dire qu'ils se manifestent en explosions brusques et imprévisibles. Les parents déconcertés diront souvent : « Il avait l'air parfaitement heureux et satisfait il y a une minute à peine. Le voilà maintenant hors de lui. »

Des signes de « aïe ! » fréquents caractérisent les pleurs de douleur dus aux coliques. L'aspect le plus bouleversant de ces pleurs est le langage corporel qui les accompagne : colère, tension, battements des bras et des jambes, poings crispés, grimaces et ventre dur. Le bébé serre les bras très fort contre sa poitrine et lève les genoux si haut qu'ils touchent presque à son abdomen. Périodiquement, au cours de ces crises, le nourrisson lève les bras, se raidit, se cambre et pousse avec les jambes, dans un mouvement ressemblant à un plongeon arrière frénétique. Les bébés tombent souvent dans un profond sommeil après un épisode de coliques.

C'est la nature incessante des crises de coliques qui, en général, dérange le plus les parents. Celles-ci peuvent durer quelques minutes à quelques heures avec, à l'occasion, des périodes de calme avant la prochaine tempête. Par une certaine ironie du sort, les coliques surviennent rarement le matin, quand les parents et le nourrisson sont frais et dispos. Elles éclatent habituellement en fin d'après-midi ou en début de soirée, quand les réserves des parents sont à leur plus bas. Contrairement aux bébés aux besoins intenses qui demeurent maussades toute la journée, certains bébés qui souffrent de coliques sont relativement faciles à satisfaire lorsqu'ils n'ont pas de coliques. Une mère m'a déjà dit : « Il semble avoir deux personnalités : Dr Jekyll et M. Hyde. » Un point positif toutefois, le bébé souffrant de coliques est l'image même de l'enfant en bonne santé. Il a tendance à manger plus et à grandir plus vite que le bébé ne souffrant pas de coliques. Sa mine florissante attire souvent des remarques du genre : « Mais quel bébé en santé ! Comme vous êtes chanceuse ! » Et la mère exténuée de répondre : « Vous auriez dû nous voir il y a quelques heures. »

Des chercheurs en médecine ont tenté de normaliser la définition des coliques, afin de mieux comparer les résultats des études sur la question. La définition classique des coliques est donc la suivante :

- surviennent chez des nourrissons par ailleurs en excellente santé ;
- paroxysmes de pleurs inconsolables n'ayant aucune cause physique identifiable ;
- débutent au cours des trois premières semaines ;
- durent au moins trois heures par jour, trois jours par semaine et s'étendent sur une période d'au moins trois semaines.

J'ai remarqué que les symptômes des coliques varient largement d'un bébé à l'autre et d'une journée à l'autre chez un même bébé. Ce qui fait que ce sont des coliques, c'est la douleur que semble ressentir le bébé.

Ce que les coliques ne sont pas

Le plus frustrant avec un bébé aux besoins intenses qui souffre de coliques est qu'il peut s'avérer très difficile de déterminer la cause des crises de coliques. Les parents, le pédiatre et la très sage grand-mère peuvent donner leur avis, mais ils ne font que deviner. Ceci a un effet significatif sur l'empathie que le parent éprouvera pour le bébé. Il est bien plus facile de s'efforcer de réconforter une personne qui a mal lorsqu'il y a une cause médicale facilement identifiable à sa douleur, une cause sur laquelle on peut agir. Ne pas savoir ce qui ne va pas est très frustrant. Bien que les coliques attirent généralement une réponse compatissante de la part des parents, il peut leur arriver de se demander ce que le bébé attend d'eux. Ces sentiments d'exaspération peuvent pousser le parent à prendre une certaine distance par rapport aux pleurs du bébé, entraînant ainsi une réponse moins attentive et affectueuse.

Le terme « colique » signifie une douleur aiguë et violente à l'abdomen. Cette douleur est appelée « colique » parce qu'on croyait à l'origine qu'elle était causée par des gaz dans le côlon. Il existe de nombreuses théories populaires concernant les causes des coliques. Plusieurs ne sont que des mythes et ne résistent pas à un examen plus critique.

« Oh, il a simplement des gaz! »

Les gaz sont souvent blâmés dans la longue et vaine recherche pour trouver la cause des coliques. Au cours des épisodes de coliques, le ventre du nourrisson semble plus distendu et il a beaucoup de gaz. Le bébé qui souffre de coliques fait souvent plusieurs selles par jour (sans doute parce qu'il mange beaucoup). En d'autres occasions, les mères remarqueront que de petites quantités de selles accompagnent les gaz expulsés avec force.

Certaines études radiographiques mettent en doute les théories selon lesquelles les gaz intestinaux seraient responsables des coliques (Paradise, 1966). Des radiographies abdominales de nourrissons ne souffrant pas de coliques montrent fréquemment une forte distension des intestins à cause des gaz, mais ces nourrissons ne semblent pas être incommodés. Des radiographies prises pendant et après des crises de pleurs dus aux coliques n'ont pas décelé la présence de gaz durant l'épisode de pleurs, mais plutôt une abondante quantité de gaz après la crise. Pendant qu'il pleure, le nourrisson avale de l'air. Par conséquent, la distension des intestins par les gaz peut être le résultat et non la cause des pleurs dus aux coliques.

Les pleurs de douleur et les pleurs de colère sont les plus susceptibles d'amener le bébé à avaler de l'air. Ces pleurs ont une phase expiratoire très longue, se terminant par une « période bleue » de pleurs sans voix, suivie d'une inspiration violente et soudaine, comme si le bébé tentait de reprendre le souffle qu'il a perdu en hurlant. Ce halètement subit peut faire entrer l'air non seulement dans les poumons, mais également dans l'estomac. L'air s'accumule alors sous forme de gaz dans les intestins, produisant les coliques.

Voilà une autre raison pour laquelle il est important de répondre rapidement aux pleurs, particulièrement chez les nourrissons qui ont un faible seuil de tolérance à la douleur. Mettre fin à l'épisode de pleurs peut réduire la quantité d'air qu'avale le bébé, diminuant par le fait même la quantité de gaz intestinaux et la durée des pleurs dus aux coliques. Les nourrissons qui ont vraiment beaucoup de gaz ont besoin que leurs parents leur apprennent à pleurer mieux et plus efficacement afin de réduire le risque qu'ils avalent de l'air. La première étape pour atteindre ce but est de répondre rapidement aux pleurs du bébé.

Le syndrome de la mère tendue/ bébé tendu

Les coliques chez le nourrisson sont parfois injustement imputées à la mère. Certains observateurs prétendent que la mère transfère sa propre anxiété à son bébé et que le bébé réagit en conséquence. Dans la plupart des cas, cette hypothèse est tout simplement fausse. Les coliques surviennent chez les bébés de mères conciliantes, faciles à vivre, aussi bien que chez les bébés dont la mère a tendance à être plus anxieuse. C'est un point important à relever, car le comportement du bébé est souvent injustement interprété comme un indice de la « compétence » maternelle. Il est vrai qu'il y a beaucoup de différences d'une mère à l'autre en ce qui a trait à la capacité d'affronter les problèmes et que les coliques, comme tout autre stress qui n'est pas traité rapidement, peuvent se prolonger et être renforcées par l'anxiété que vit la mère. Tandis que certaines recherches ont révélé que les mères tendues, anxieuses et déprimées durant la grossesse risquaient davantage que leur bébé souffre de coliques, d'autres recherches ont démontré qu'il n'y avait aucune corrélation entre la personnalité de la mère et les coliques du bébé (Carey, 1968). Certaines études montrent également que les coliques pouvaient être la réalisation d'une prédiction. Les mères qui s'attendaient à avoir des problèmes avec leur bébé risquaient davantage d'avoir un bébé maussade, ce qui signifiait peut-être que ces mères étaient moins réceptives aux besoins de leur nourrisson et moins susceptibles de lui fournir le réconfort dont il avait besoin.

Il est important de se rappeler que la plupart des mères ayant participé à ces études et qui se considéraient anxieuses n'ont pas eu de bébé maussade. À mon avis, l'état émotif de la mère a plus d'influence sur la façon dont elle réagit aux coliques de son bébé que sur le fait qu'il souffre ou non de coliques. Certaines mères ont tout simplement plus de facilité à rester calme tout en réconfortant leur bébé. Un bébé tendu ne s'apaise pas aisément dans des bras tendus.

« C'est sûrement ton lait »

La plupart des études démontrent qu'il n'y a aucune différence dans la fréquence des coliques chez les bébés allaités et chez ceux nourris avec des préparations lactées. D'après mon expérience toutefois, les mères qui allaitent font souvent preuve de plus de débrouillardise. Peu importe ce qu'une personne mal informée vous dira à propos de votre lait, ce n'est pas la cause des coliques de votre bébé. Le sevrer et lui offrir une préparation lactée n'y changeront rien. Vérifiez toutefois si votre régime alimentaire ne contient pas un aliment qui dérange votre bébé. (Consultez la section Les intolérances alimentaires du présent chapitre et la section Des substances dans le lait maternel qui peuvent rendre le bébé maussade du chapitre 7.)

D'où vient la douleur ?

Lorsque le bébé a mal, les parents et le pédiatre veulent savoir pourquoi. Il ne faut pas balayer du revers de la main les pleurs dus aux coliques en se disant que « ça va passer » ou que ce n'est qu'une phase que les parents doivent endurer. Si malgré tous vos efforts pour le consoler et faire cesser ses pleurs, votre bébé maussade continue de pleurer furieusement, comme s'il avait mal, parlez-en à votre médecin. Voici les principales causes de pleurs qui seront envisagées par votre médecin :

Reflux gastro-œsophagien

Les bébés qui souffrent de reflux gastro-œsophagien (RGO) peuvent être maussades et avoir des épisodes de pleurs semblables à ceux des coliques. Les bébés atteints de RGO régurgitent les acides gastriques dans l'œsophage, ce qui produit une sensation de brûlement inconfortable qualifiée chez les adultes de brûlures d'estomac. Je suis convaincu que de nombreux bébés reconnus comme souffrant de coliques par les générations précédentes de parents et de médecins souffraient en fait de reflux. Ce n'est qu'au cours des dix dernières années que les médecins ont commencé à considérer ce problème comme une source de douleur chez le nourrisson, un problème pour lequel il existe une solution.

Le RGO n'est pas toujours facile à diagnostiquer. Certains bébés souffrant de RGO régurgitent beaucoup. Chez d'autres, le liquide ne parvient pas à remonter l'œsophage jusqu'à l'épaule du parent. Voici quelques indices de reflux chez le bébé :

- pleurs de coliques débutant tout juste après un repas ;

- réveils nocturnes et pleurs de coliques soulagés par la tétée ;

- régurgitation pendant ou immédiatement après le repas (toutefois ce ne sont pas tous les bébés atteints de RGO qui régurgitent et les bébés qui régurgitent ne souffrent pas tous de RGO) ;

- infections respiratoires fréquentes.

Les bébés allaités sont moins à risque de souffrir de RGO que les bébés nourris avec des préparations lactées et, le cas échéant, leurs symptômes seront moins graves (Heacock, 1992). Parce que les bébés digèrent plus rapidement le lait maternel que les préparations lactées, le lait reste moins longtemps dans l'estomac. Le bébé a donc moins l'occasion de régurgiter le lait maternel.

Si vous pensez que votre bébé souffre de RGO, parlez-en à votre médecin. Votre pédiatre peut demander certains tests afin de déterminer si les pleurs de votre bébé sont causés par le RGO ou tout simplement le diagnostiquer d'après vos observations de son comportement. Il prescrira ensuite des médicaments pour neutraliser l'acide gastrique et aider l'estomac du bébé à se vider plus rapidement.

Si le bébé souffrant de RGO demeure à la verticale pendant trente minutes après le repas, la gravité maintient les acides gastriques dans l'estomac et les empêche de monter dans l'œsophage. Tenez votre bébé en position verticale sur votre épaule jusqu'à ce que son estomac puisse se replacer et digérer le repas. Vous pouvez soulever la tête du matelas du bébé d'environ trente degrés pour l'aider à mieux dormir. Le bébé souffrant de RGO se portera mieux si vous lui offrez de plus petits repas plus souvent. Un estomac trop plein est plus susceptible de faire remonter son contenu dans l'œsophage.

Les intolérances alimentaires

Parfois les coliques sont causées par des allergies alimentaires. Selon mon expérience, les bébés souffrant d'allergies alimentaires manifestent généralement d'autres symptômes (éruption sur les joues ou les fesses, écoulement nasal ou diarrhée) en plus des coliques.

Bien que les coliques, chez certains bébés nourris avec des préparations lactées, diminuent lorsque la préparation est remplacée par une préparation à base de soya ou une préparation prédigérée, la quête de la préparation idéale est généralement vaine. De plus, certains bébés allergiques aux préparations à base de lait de vache sont souvent également allergiques aux préparations à base de soya. Si votre bébé est nourri avec une préparation lactée, parlez-en à votre médecin avant de changer de préparation.

Les réactions de coliques chez le bébé allaité peuvent être causées par un aliment dans le régime alimentaire de la mère. Certaines protéines sont transmises au bébé par le lait de la mère et provoquent une réaction allergique chez le bébé plus sensible. Si le caractère maussade et les pleurs de coliques du bébé perturbent toute la famille, ça vaut la peine de chercher si le bébé est sensible à un aliment du régime de la mère.

Les aliments les plus souvent en cause chez le bébé maussade sont le lait et autres produits laitiers, les noix et le beurre d'arachide, ainsi que le maïs. Éliminez les aliments suspects de votre régime durant deux semaines au moins. (Lisez attentivement les étiquettes. Les produits laitiers comme le lactosérum, la caséine et le caséinate de sodium sont présents dans de nombreux aliments traités.) Observez-vous un changement notable dans le comportement de votre bébé?

Les études ont démontré que les protéines du lait de vache provenant du régime de la mère étaient présentes dans son lait et d'autres études ont révélé que lorsque les mères éliminaient les produits laitiers de leur régime, les bébés maussades l'étaient un peu moins. Surveiller le régime alimentaire de la mère qui allaite ne réglera pas tous les cas de coliques, mais ça vaut la peine d'éliminer le lait durant quelques semaines, particulièrement s'il y a des allergies alimentaires dans votre famille ou celle de votre conjoint.

Les aliments causant des gaz chez des adultes en causent-ils aussi chez les bébés allaités? J'ai constaté qu'il y avait une contradiction entre les comptes rendus des mères et l'information nutritionnelle. Il n'y a aucune raison scientifique permettant de croire que les gaz des aliments que mange la mère passent dans son lait et provoquent des gaz chez le bébé. Cependant, il arrive à l'occasion qu'une mère me dise qu'elle a remarqué que son bébé a des coliques quelques heures après qu'elle ait consommé certains types d'aliments. Les aliments les plus souvent cités comme responsables de symptômes sont :

- les légumes crus : brocoli, chou, oignons, poivrons verts et chou-fleur ;
- le chocolat ;
- les œufs ;
- les fruits de mer ;
- les noix ;
- les agrumes ;
- les vitamines synthétiques (prises par la mère ou le bébé).

Certains des aliments mentionnés ci-dessus sont également des sources fréquentes d'allergies alimentaires.

Plusieurs mères qui goûtent régulièrement à leur lait m'ont mentionné qu'elles avaient noté un changement dans le goût de leur lait après s'être laissées aller à consommer des mets exotiques épicés. Le changement de goût coïncidait également avec un épisode de coliques chez leur bébé. Les changements de goût du lait maternel peuvent être un moyen pour le bébé d'apprendre à apprécier les aliments à forte saveur propres à sa culture. Il identifie ainsi, grâce au lait, de sa mère les saveurs de l'ail, du curry ou du chili. Certains bébés y sont plus tolérants que d'autres.

Il peut s'avérer utile de tenir un registre de ce que vous mangez chaque jour, de l'intensité des pleurs et du moment où votre bébé est maussade ainsi que de tout autre symptôme observé chez votre bébé et vous-même. Il n'est pas toujours facile de surveiller votre régime et les conclusions que les mères en tirent sont parfois assez subjectives. Vous découvrirez peut-être, ou peut-être pas, une corrélation prévisible entre un aliment consommé et les périodes maussades de votre bébé. Si vous passez plusieurs semaines à éliminer des aliments de votre régime et à évaluer le comportement de votre bébé, votre bébé cessera peut-être d'être maussade, mais vous ne saurez pas s'il est bel et bien sensible aux piments rouges (ou à autre chose) ou s'il a simplement dépassé le stade des coliques. Pour établir une relation de cause à effet entre les aliments et le caractère maussade du bébé, vous devez réintroduire l'aliment suspect pour voir la réaction de votre bébé. Bien que la relation entre le lait de vache, les autres allergènes et les coliques n'est pas toujours claire, la surveillance du régime alimentaire de la mère et du bébé en vaut certainement la peine, surtout quand on sait à quel point les coliques ont un effet dévastateur sur l'ensemble de la famille. Une mise en garde toutefois : les mères qui allaitent et qui éliminent en entier des groupes d'aliments (par exemple, tous les produits laitiers) de leur régime pendant plus de deux semaines devraient consulter un diététiste.

Déséquilibre entre le lait de début et de fin de tétée

Lorsque le bébé allaité obtient régulièrement du lait de début de tétée riche en lactose et pas suffisamment de lait de fin de tétée plus riche en matières grasses, il peut avoir mal au ventre et se plaindre par des pleurs de coliques. Ce problème peut facilement être résolu. Pour des suggestions, consultez le chapitre 7.

Autres problèmes médicaux

Des affections communes chez le nourrisson peuvent entraîner des pleurs de douleur. Si vous pensez que votre bébé a mal, communiquez avec votre médecin. Quand un parent a le sentiment que son bébé ressent de la douleur, un pédiatre avisé l'écoute et en cherche la cause.

L'infection aux oreilles. Les symptômes des infections aux oreilles passent fréquemment inaperçus chez les bébés souffrant de coliques, car ils sont interprétés comme une autre manifestation des coliques. Rappelez-vous que la plupart des vraies coliques ne tirent pas le bébé de son sommeil, tandis que les infections aux oreilles le font. En fait, c'est pendant la nuit que les infections aux oreilles font le plus mal car, en position horizontale, le liquide infecté se trouvant dans l'oreille exerce une pression douloureuse sur le tympan. Le bébé qui semble avoir mal en position couchée mais non lorsqu'il est assis a peut-être une infection aux oreilles. Les symptômes dus au rhume, notamment le nez et les yeux qui coulent, accompagnés d'une légère fièvre, indiquent souvent une infection.

Surveillez attentivement les signes de perforation du tympan. Le bébé se réveille subitement en hurlant durant la nuit et semble aller mieux vers le matin, mais vous remarquez la présence d'un liquide jaunâtre qui a formé une croûte autour du pavillon de l'oreille. Le bébé peut sembler plus confortable après la perforation du tympan, car il n'y a plus de pression contre cette membrane, mais il faudrait quand même le faire voir par un médecin. Rappelez-vous que le bébé souffrant d'une infection aux oreilles semble souvent se porter mieux le lendemain matin parce qu'il n'est plus en position couchée.

L'érythème fessier. Des crises soudaines de hurlements peuvent être provoquées par des fesses irritées. Les érythèmes fessiers les plus inquiétants sont ceux où les fesses sont rouges, la peau semble brûlée et à vif à cause des selles acides dues à la diarrhée. Un bain au bicarbonate de soude (une cuillérée à table de bicarbonate de soude dans quelques centimètres d'eau dans le bain du bébé) peut contribuer à soulager l'érythème fessier causé par des selles acides.

L'infection urinaire. L'infection des voies urinaires est la cause cachée la plus sérieuse des coliques. Cette infection est subtile. Elle ne débute pas aussi rapidement et sévèrement que l'infection aux oreilles et peut durer plusieurs semaines avant d'être décelée. L'infection urinaire peut endommager les reins du bébé si elle n'est pas décelée et traitée. Je crois que tous les bébés maussades qui souffrent de coliques devraient passer au moins trois analyses d'urine. Lorsque vous prenez un rendez-vous pour votre bébé maussade, demandez à la secrétaire de votre médecin de vous poster trois sacs d'échantillons d'urine afin que vous puissiez apporter des échantillons d'urine le jour de votre rendez-vous ou avant.

Conseils pour décrire les coliques

Comme la plupart des crises de coliques surviennent après les heures de bureau des médecins, votre médecin ne sera probablement jamais témoin des pleurs de votre bébé. Lorsque vous recherchez une aide professionnelle au sujet des coliques ou du comportement maussade de votre bébé, faites part à votre médecin de deux points importants : à quel point les coliques dérangent votre bébé et à quel point elles vous dérangent.

Voici quelques-uns des points que vous devrez mentionner au médecin lorsque vous discuterez des problèmes de coliques de votre bébé. Pensez-y à l'avance et dressez-en une liste que vous apporterez avec vous au cabinet du médecin.

- Quand les épisodes de coliques ont-ils commencé, à quelle fréquence ont-ils lieu et combien de temps durent-ils?

- À quel moment de la journée et dans quelles circonstances ont-ils lieu (à la maison, en présence de personnes autres que la mère, pendant que la famille est occupée)?

- Qu'est-ce qui semble provoquer les crises de coliques et qu'est-ce qui semblent les faire disparaître?

- Selon vous, d'où vient la douleur que ressent le bébé? Quelle apparence ont son visage, son abdomen, ses extrémités?

- Décrivez les pleurs du bébé.

- Donnez des détails sur son alimentation: la fréquence des tétées ou des biberons. Avale-t-il? L'entendez-vous avaler de l'air?

- Le type de selles du bébé: sont-elles faciles ou difficiles à passer, sont-elles molles ou dures et à quelle fréquence en a-t-il?

- A-t-il beaucoup de gaz?

- Régurgite-t-il souvent et, si oui, à quel moment après le repas et avec quelle force?

- Quelle apparence ont les fesses du bébé? Un érythème persistant ou des fesses rouges qui semblent brûlées indiquent une quelconque intolérance alimentaire.

- Qu'avez-vous essayé lors des crises de coliques? Qu'est-ce qui a fonctionné et qu'est-ce qui n'a pas fonctionné?

- Quel est votre diagnostic?

N'oubliez pas de dire à votre médecin l'effet que les coliques ont sur toute la famille. J'ai découvert qu'il n'est pas rare que les mères commencent par me dire: « C'est toute notre famille qui est en train de se briser: moi, mon bébé et notre couple. » N'hésitez pas à raconter toute la vérité lors de votre visite chez le médecin. Ne banalisez pas le problème. Ceci aidera à faire comprendre que les coliques de votre bébé vous dérangent vraiment.

Si votre médecin ne peut assister à l'un de ces épisodes de coliques, il peut être utile d'enregistrer les pleurs du bébé sur cassette. Toutefois, en ce qui me concerne, je trouve difficile d'évaluer adéquatement les pleurs d'un bébé uniquement à partir des sons de ces pleurs. Le langage corporel peut nous en apprendre tellement sur le niveau de détresse du bébé. Si vous voulez vraiment convaincre votre médecin et que vous possédez l'équipement nécessaire (ou que vous pouvez le louer), demandez à votre conjoint de vous filmer sur vidéo, votre bébé et vous, pendant une crise de coliques afin que la personne qui vous conseille puisse vraiment voir un couple mère-bébé en détresse. Certains parents aiment bien se caler dans un fauteuil et analyser une suite d'enregistrements d'épisodes de pleurs à mesure que leur bébé grandit. Cette rétrospective a un effet thérapeutique sur eux. Ils sont souvent étonnés du changement radical de personnalité du bébé. En écoutant ou en regardant les premières cassettes enregistrées, ils s'exclament souvent : « On en a fait du chemin, petit ! »

Je trouve particulièrement utile de faire tenir par les parents une sorte de journal où, d'un côté de la page, ils dressent la liste des activités du bébé et de l'autre, les activités du reste de la famille et le moment de la journée où elles ont lieu. Les corrélations vous étonneront. Par exemple, j'ai trouvé que les coliques typiques réveillent rarement le bébé durant la nuit. La douleur qui tire le bébé de son sommeil est plus souvent d'origine physique qu'émotive.

Autant que possible, le père et la mère devraient tous deux être présents à la visite chez le médecin. La présence du père aide la mère à parler franchement. La mère a parfois tendance à minimiser à quel point les pleurs du bébé la dérangent. Elle craint qu'un tel aveu ne détruise, aux yeux du pédiatre, son image de mère parfaite. De plus, le père peut également être plus enclin à révéler à quel point le bébé affecte l'ensemble de la dynamique familiale. Un couple est venu me consulter au sujet de leur bébé souffrant de coliques et je n'ai saisi l'ampleur du problème qu'au moment où le père m'a dit : « Je me suis fait faire une vasectomie la semaine dernière. Nous ne revivrons plus jamais cela. » Alors là, j'ai bien compris.

D'autres explications aux coliques

Tous les bébés qui souffrent de coliques méritent que leur douleur soit prise au sérieux et examinée. Toutefois, un examen médical rigoureux ne fournit pas toujours l'explication aux épisodes de pleurs du bébé. Voici quelques autres facteurs qui peuvent contribuer aux pleurs persistants :

Le tabagisme

Le bébé dont la mère fume souffre davantage de coliques. Le bébé dont le père fume souffre également davantage de coliques (Said, 1984), ce qui laisse croire que les coliques sont reliées à l'environnement immédiat plutôt qu'à un transfert direct de substances chimiques dans le lait maternel. Des études ont aussi révélé que les mères qui fument ont un taux de prolactine moins élevé (Matheson 1989 ; Anderson 1982) ce qui peut affecter la production de lait et réduire la capacité de la mère à supporter les pleurs de coliques. Si vous êtes incapable de cesser de fumer, réduisez au moins la quantité de cigarettes et ne fumez pas dans la même pièce que le bébé.

L'accouchement et les coliques

Les événements entourant l'accouchement peuvent avoir un effet sur les coliques. Le risque de coliques est plus élevé chez les bébés qui ont connu un accouchement stressant où il y a eu des complications et qui, par la suite, ont été séparés de leur mère pendant de longues périodes. On remarque également que les nourrissons qui ont vécu un départ difficile et qui ont été séparés de leur mère ont souvent tendance à être maussades.

La biologie et les coliques

Les coliques peuvent être liées à un problème neurodéveloppemental. Le type de bébé qui souffre de coliques appartient au large éventail de bébés maussades ou aux besoins intenses qui viennent au monde dotés d'un tempérament hypersensible, intense, désorganisé et lent à s'adapter. Plutôt que d'être maussade tout le temps, le bébé souffrant de coliques concentre les manifestations de ce tempérament vers la fin de la journée. Il y a peut-être une explication biologique à cela.

Perturbation des rythmes biologiques. Les coliques peuvent être une perturbation du rythme biologique quotidien. Les cycles de sommeil, la concentration hormonale et la température du corps humain fluctuent quotidiennement. L'ensemble de ces sommets et de ces creux de vagues quotidiens s'appelle le rythme circadien. Au cours des premiers mois de la vie du bébé, ces fluctuations quotidiennes sont désorganisées.

Vers l'âge de quatre ou six mois, elles deviennent plus régulières. En même temps, les cycles de sommeil du nourrisson se régularisent et les coliques disparaissent. Est-ce une coïncidence ou y a-t-il un lien de cause à effet?

Problèmes hormonaux. La progestérone est une hormone qui peut avoir des effets calmants et provoquer le sommeil. Avant la naissance, le bébé reçoit de la progestérone par le placenta. L'effet calmant de la progestérone maternelle disparaît au bout d'une ou deux semaines et les coliques commencent si le nourrisson ne produit pas lui-même suffisamment de progestérone. Une étude a révélé que les nourrissons souffrant de coliques avaient un faible taux de progestérone et que les coliques diminuaient lorsqu'on les traitait avec un médicament semblable à la progestérone (Clark, 1963). Par contre, les résultats d'une autre étude n'ont démontré aucune différence entre les taux de progestérone de nourrissons qui souffraient de coliques et ceux de nourrissons qui n'en souffraient pas (Weissbluth & Green, 1983). Ce même chercheur a toutefois regroupé, dans une autre étude, des nourrissons souffrant de coliques et des nourrissons ayant un tempérament difficile ou un faible seuil sensoriel et il a conclu que les « taux de progestérone plasmatique étaient exceptionnellement faibles » dans ce groupe (Weissbluth, 1983). Les bébés allaités participant à cette étude montraient des taux plus élevés de progestérone. La signification de cette conclusion n'est pas claire, mais cela peut aider à expliquer pourquoi certains bébés sont plus maussades que d'autres.

On a également cité les prostaglandines parmi les causes des coliques. Ces hormones provoquent de fortes contractions des muscles intestinaux. Dans le cadre d'une étude, où des prostaglandines avaient été utilisées pour le traitement d'affections cardiaques, les deux nourrissons observés avaient développé des symptômes de coliques (Sankaran, 1981).

Problèmes d'adaptation à la vie extra-utérine. Règle générale, les coliques ne se manifestent pas avant la deuxième semaine après la naissance. Serait-il possible que durant ce délai de grâce suivant la naissance, il manque quelque chose au nourrisson pour qu'il s'ajuste adéquatement à la vie extra-utérine? Dans notre société, on a tendance à considérer le nouveau-né comme un être distinct de la mère, mais le nouveau-né, lui, ne se sent peut-être pas ainsi. Est-il possible que, au cours des deux premières semaines suivant la naissance, certains bébés

La position anti-colique est souvent utile pour soulager un bébé maussade.

aient besoin de demeurer « collés » à leur mère, d'être allaités sur demande, transportés dans des bras affectueux, blottis tout contre leur mère pour dormir ? Bref, qu'ils aient besoin de soins prodigués d'une manière organisée, prévisible et dans un environnement rappelant la vie intra-utérine ? Si ces nourrissons n'obtiennent pas ce dont ils ont besoin et ce à quoi ils s'attendent, ils réagissent par un comportement que l'on nomme coliques, qui peut n'être rien de plus qu'une manifestation de frustration d'un bébé qui s'adapte mal à son environnement. Je crois que ceci peut être un des facteurs chez certains bébés qui souffrent de coliques, mais pas tous. Même des bébés qui ont profité d'un style d'art parental favorisant l'attachement dès la naissance (que j'appelle les bébés « bien partis ») peuvent souffrir de coliques. La plupart de ces bébés souffrent réellement et doivent être examinés. D'autres n'ont peut-être pas mal au ventre, mais ils ont plus de difficulté à bloquer les stimuli extérieurs. Ils ne peuvent tout simplement pas s'adapter lorsque les périodes d'éveil s'allongent.

Pourquoi le soir ?

Une autre raison qui me fait croire que les coliques sont un problème neurodéveloppemental ou même un problème hormonal est le fait que les coliques surviennent le plus souvent pendant la soirée, entre dix-huit et vingt et une heures, un moment de la journée que certains parents qualifient d'« enfer ». Si les coliques étaient causées par une allergie, pourquoi le bébé ne manifesterait-il ce problème que trois heures par jour ? Personne ne comprend très bien pourquoi les coliques surviennent principalement en soirée, mais il est possible d'avancer quelques hypothèses.

Des réserves amoindries. Les réserves d'énergie des parents sont à leur plus bas niveau vers la fin de la journée. Le bébé ne pourrait choisir un pire moment pour avoir des coliques. Le bébé souffre de coliques au moment même où la plupart des mères sont le moins aptes, tant physiquement qu'émotionnellement, à lui offrir du réconfort. Les besoins de ces bébés sont au maximum au moment où les parents sont le moins aptes à donner. En fin d'après-midi ou en soirée, la plupart des mères sont exténuées par les demandes incessantes de leur bébé. Même la source de réconfort la plus éprouvée, le sein maternel, risque d'être inefficace en fin de journée. Les taux de matières grasses et de protéines du lait maternel sont à leur plus bas en soirée. De nombreuses mères s'aperçoivent qu'elles sécrètent moins de lait quand vient le soir. Les mères vivent également des changements hormonaux en soirée. Le taux de prolactine, que je surnomme hormone de la persévérance, est à son niveau le plus élevé durant le sommeil et en matinée. Le taux de cortisone dans le sang est à son plus bas vers dix-huit heures. On ignore cependant en quoi cette baisse peut affecter la capacité de la mère à faire face à l'adversité.

Se préparer aux coliques en soirée. Prévoyez passer la fin de la journée et le début de la soirée avec votre bébé dans les bras. Préparez-vous à une soirée de coliques en complétant les tâches ménagères plus tôt au cours de la journée. Préparez le repas du soir le matin. Les parents de bébés qui souffrent de coliques s'habituent aux plats mijotés. Évitez les corvées et les engagements qui mineront vos réserves d'énergie durant ces périodes de coliques.

Une autre façon de se préparer aux coliques en soirée est d'encourager votre bébé à faire une sieste en fin d'après-midi. Vers seize heures, blottissez le bébé contre vous et allaitez-le jusqu'à ce que vous vous endormiez tous les deux (« une sieste-tétée »). La tétée et la sieste en fin d'après-midi aident autant la mère que le bébé. La mère obtient du repos, ce qui l'aidera à accroître son taux de prolactine

De nombreux bébés se calment rapidement lorsqu'ils sont tenus en position anti-colique.

et lui redonnera de l'énergie en prévision de la soirée. Le bébé repose lui aussi son organisme à un moment critique, avant le début des coliques. Certaines mères mentionnent que cette période de calme en fin d'après-midi contribue à diminuer la fréquence et la gravité des coliques de la soirée.

Quand cesseront-elles?

Les coliques commencent vers l'âge de deux semaines, atteignent un sommet entre six et huit semaines et disparaissent habituellement vers l'âge de trois à quatre mois. Les coliques qui persistent au-delà de trois ou quatre mois sont probablement causées par un problème d'ordre médical, tel l'intolérance au lait.

Les coliques atteignent leur paroxysme à une période de la vie du nourrisson où il est le moins apte à se réconforter et à s'amuser seul. Au cours des trois premiers mois, le bébé dépend presque entièrement de ses parents pour être stimulé. La gravité des coliques semble diminuer au même rythme que le nourrisson se développe. Je crois que les coliques commencent à disparaître vers l'âge de trois mois parce que le bébé est enfin capable, à cet âge, de voir clairement et il est attiré et distrait par ce qu'il voit autour de lui. Il commence à se servir de ses mains et apprend à se calmer seul par divers moyens comme sucer ses doigts, fixer dans les yeux et agiter les bras et les jambes pour se défouler. Vers l'âge de trois mois, le système nerveux central de la plupart des bébés a atteint une plus grande maturité, ce qui se traduit par une meilleure organisation de leurs cycles de sommeil. De plus, au moment où le bébé atteint l'âge de deux ou trois mois, la plupart des parents sont devenus plus habiles à consoler leur enfant. Toutefois, même si les épisodes sévères de coliques survenant en soirée disparaissent généralement vers six mois, l'ensemble des traits comportementaux du bébé aux besoins intenses peuvent persister.

Comment calmer le bébé qui souffre de coliques

La danse anti-colique

Imaginez une scène où une dizaine de mères ou de pères, tenant chacun un bébé qui a des coliques, dansent tous ensemble pour tenter

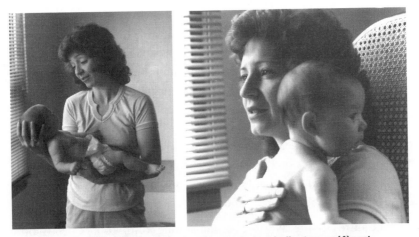

Certains bébés aiment avoir un contact visuel, d'autres préfèrent se faire légèrement tapoter dans le dos en se faisant bercer et fredonner une mélodie.

de calmer leurs tout-petits. Un à un les bébés tendus s'endorment et s'abandonnent dans les bras de leur parent. Chaque père ou mère ayant eu à calmer un bébé souffrant de coliques a développé son propre rythme, soit une danse inspirée par l'amour et le désespoir qui se poursuit jusqu'à ce que l'enfant ou le parent soit à bout de force.

Même si chaque mouvement est aussi unique qu'une empreinte digitale, il existe certains éléments communs à tous les danseurs expérimentés. Ceux-ci tiennent leur bébé fermement mais de manière détendue comme pour signifier que « c'est moi qui mène » tout en offrant le plus possible de contact peau à peau. L'étreinte favorite est celle où le bébé se niche tout contre le sein de sa mère, mais la poitrine de papa peut aussi offrir une option intéressante (que j'appelle la «chaude toison»).

Le rythme de la danse consiste, en général, en une douce oscillation d'avant en arrière et en une alternance de mouvements de gauche à droite et de bas en haut. Il y a beaucoup de flexions et de redressements des genoux. Les rythmes les plus efficaces ont environ soixante-dix mouvements à la minute (ce qui correspond au pouls de la circulation utérine auquel le bébé s'était habitué avant sa naissance). Un doux fredonnement accompagne habituellement la danse, un peu comme si la mère tentait d'imiter aussi fidèlement que possible les bruits de l'utérus.

Les pères développent leur propre méthode anti-colique. La plus efficace, dans mon cas, a été celle où je plaçais le bébé à plat ventre sur mon avant-bras, sa tête dans le creux de mon coude et ses deux jambes pendantes de chaque côté de ma main. Je maintenais fermement le bébé par le derrière et mon avant-bras exerçait une pression sur son abdomen tendu. La position « chaude toison » que j'aimais tout spécialement avec nos bébés était celle où je m'étendais sur le dos en plaçant le bébé à plat ventre sur ma poitrine, tenant fermement sa tête blottie au creux de mon aisselle gauche, son oreille appuyée sur mon cœur et sa joue, sur ma poitrine. Le rythme cardiaque combiné aux mouvements respiratoires aide généralement le bébé à s'endormir.

Une autre étreinte favorite est la danse joue contre cou. Le bébé blottit sa joue dans l'espace entre l'épaule et la mâchoire du parent. Dans cette position, non seulement le bébé entend son père ou sa mère fredonner tout contre son oreille, mais, en plus, il ressent à travers tout son crâne les vibrations sonores des os de la mâchoire de son parent. Cette technique est particulièrement efficace pour le père, car sa voix grave produit des vibrations plus perceptibles.

Certains bébés préfèrent un contact visuel continu pendant que vous leur chantez des chansons. Votre bébé aimera peut-être que vous le teniez à environ trente centimètres de votre visage, une main tenant fermement son derrière et l'autre son dos. Vous pouvez alors le bercer en cadence, rapidement ou lentement. C'est un bon moyen de faire cesser les pleurs du bébé avant de le laisser se blottir dans sa position préférée. C'est particulièrement efficace si vous pouvez le regarder dans les yeux tout en fredonnant son nom. Ne désespérez pas si, parfois, votre bébé ne répond pas à vos danses pour le réconforter, mais se calme lorsqu'une amie expérimentée ou votre belle-mère prend la relève. Certaines grands-mères ont vraiment le tour de calmer les bébés.

Vous pouvez composer une danse anti-colique pour votre bébé à naître. Certaines mères de famille nombreuse parviennent souvent à prédire le tempérament du bébé par son niveau d'activité dans l'utérus. Les mères qui sont parvenues à calmer leurs bébés agités au moyen de chansons et de danses pendant la grossesse trouvent que les mêmes chansons et les mêmes danses fonctionnent encore après la naissance.

Techniques de relaxation abdominale

Parfois, une pression douce et chaude sur l'abdomen du bébé aidera à le soulager de ses coliques. Placez le bébé à plat ventre sur un sac d'eau chaude à demi rempli et recouvert d'une serviette afin de protéger sa peau. Vous pouvez également laisser le bébé s'endormir à plat ventre sur un coussin, les jambes de chaque côté ; ce qui exerce une pression relaxante sur son ventre. (Toutefois, lorsque le bébé est bien endormi, vous devriez le remettre sur le dos. Dormir sur le ventre est associé à un risque plus élevé de syndrome de mort subite du nourrisson. Les bébés ne devraient pas dormir à plat ventre ou le visage sur des coussins.) Certains bébés aiment sentir la main chaude et large de leur père sur leur ventre. Il faut appliquer la paume dans la région du nombril, les doigts et le pouce encerclant l'abdomen. Parfois, l'insertion d'un suppositoire à la glycérine dans le rectum du bébé pendant que, de l'autre main, on pétrit son abdomen, aidera à décompresser un ventre ballonné par les gaz.

Masser l'estomac du bébé. Masser un bébé devient tout un art pour les mères de bébés qui souffrent de coliques. Voici une technique que nous avons utilisée avec nos bébés :

Imaginez un grand « U » inversé sur l'abdomen du bébé. Il s'agit du gros intestin, ou côlon, à l'intérieur duquel les gaz doivent circuler à partir de la droite du bébé (votre gauche), jusqu'au centre et descendre le long de son côté gauche jusqu'à leur sortie par le rectum. En posant vos doigts à plat et en massant fermement et en profondeur avec des mouvements circulaires, vous pouvez aider les poches de gaz à se déplacer le long de cette voie. Vous pouvez utiliser la méthode « I Love You » (je t'aime). Commencez par un mouvement rectiligne, pour le « I », vers le bas sur le côté gauche du bébé (voir illustration). Ce mouvement fera descendre les gaz et les acheminera hors du dernier tiers du côlon. Ensuite, faites un « L » inversé pour le « Love » (le chiffre 7, lorsque vous le regardez) ce qui déplacera les gaz le long du segment central du gros intestin et vers le côté gauche et le bas de l'abdomen du bébé. Enfin, faites le mouvement complet imitant un « U » inversé pour le « You », en remontant cette fois le long du côté droit du bébé, le long du segment central, puis en descendant le long du côté gauche. Pour que ce massage soit efficace, le bébé doit être détendu, car un abdomen tendu résistera aux mouvements de vos mains. Essayez-le en prenant un bain chaud avec le bébé ou à la

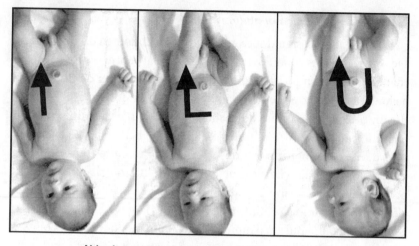

Aidez le passage des gaz dans l'abdomen du bébé avec le massage « I Love You ».

suite d'autres traitements relaxants. Il sera plus facile de masser votre bébé si vous enduisez vos mains d'huile tiède.

Le bain de bulles. Utilisez la technique du massage abdominal lorsque le bébé prend un bain chaud. Lorsqu'il passera des gaz, des bulles apparaîtront à la surface.

La sucette

On pourrait affirmer, règle générale, que tout ce qui peut réconforter le bébé souffrant de coliques devrait être utilisé, pourvu que ce soit sécuritaire et efficace. Cette recommandation vaut particulièrement dans le cas de la sucette, utilisée après le premier mois environ, lorsque le bébé ne risque plus de la confondre avec le mamelon. (La sucette requiert un mouvement de succion différent de celui au sein de la mère, ce qui peut causer de la confusion chez le très jeune bébé et causer des problèmes lors de l'allaitement.) Certains bébés maussades ont besoin de grandes quantités de succion non nutritive et la sucette remplira cette fonction. Évitez toutefois d'utiliser la sucette comme substitut de la mère. L'autre extrémité de la sucette devrait toujours être attachée à une personne. La meilleure sucette est le sein ou un doigt.

Répondez rapidement aux pleurs du bébé

L'expérience m'a convaincu que plus on répond rapidement aux pleurs d'un nourrisson souffrant de coliques, moins il pleurera. Le

D'autres techniques de massage

J'ai essayé les bains chauds avec mon bébé. C'était bien, mais seulement lorsqu'il était immergé dans l'eau. On ne peut tout de même passer sa vie dans le bain ! Je massais aussi son ventre pendant qu'il était dans l'eau. Avec ses pieds dans ma direction, je plaçais ma main gauche autour de sa taille et le pétrissais assez profondément avec mes doigts, concentrant mes mouvements sur son flanc gauche près de la cage thoracique. Ce massage était assez efficace, mais il ne l'appréciait que lorsqu'il était dans l'eau. Après son bain, je le frictionnais avec de la lotion, commençant par ses mignons petits pieds et remontant le long de chacune de ses jambes. Lorsque j'arrivais aux cuisses, ses gémissements se transformaient immédiatement en éclats de rire. J'ai donc commencé à me concentrer sur le massage des cuisses lors des crises de coliques et, même hors du bain, la réaction était toujours la même.

Le massage des cuisses que j'ai trouvé le plus efficace était le suivant J'étendais Eric sur le dos, la tête sur mes genoux et les pieds appuyés sur mon ventre. Je prenais chacune de ses cuisses dans une main, le pouce dans la région de l'aine et les doigts à l'extérieur. Ensuite, je le pétrissais assez fermement en exerçant une pression égale à l'intérieur et à l'extérieur de la cuisse, en serrant, en roulant, puis en relâchant. Ça fonctionnait chaque fois, ses plaintes pitoyables se transformant en rires, du moins pendant un certain temps.

mythe selon lequel un excès d'attention des parents aux pleurs du bébé risque de renforcer ceux-ci et de les transformer en ce qu'on appelle des « pleurs appris » est faux. Tant l'expérience des mères que les études scientifiques ont démontré la fausseté de cette théorie.

En fait, une réponse parentale attentive et affectueuse peut réduire la sévérité des coliques. Une étude a comparé trente bébés ayant des coliques à trente bébés n'en ayant pas (Taubman, 1984). Les bébés souffrant de coliques étaient divisés en deux groupes. On avait conseillé aux parents du groupe I de ne pas répondre immédiatement à leur bébé et de suivre les suggestions suivantes :

- Lorsque les pleurs du bébé continuent malgré tous les efforts pour les faire cesser (y compris le nourrir), faites ce qui suit :

- Déposez le bébé dans son berceau et laissez-le pleurer au plus une demi-heure.

- S'il pleure encore, prenez-le une minute environ pour le calmer. Remettez-le ensuite dans son berceau.

- Répétez ce qui précède jusqu'à ce que le bébé s'endorme ou qu'il se soit écoulé trois heures.

- Après trois heures, le bébé devrait être nourri de nouveau.

Ces recommandations étaient fondées sur l'hypothèse selon laquelle les bébés pleurent, quelle que soit la réponse des parents, et que la « surstimulation » contribue à augmenter les pleurs de façon excessive. Quant aux parents du groupe II, on leur avait conseillé de déployer des efforts immédiats pour faire cesser les pleurs de leur bébé en suivant les instructions suivantes :

- Essayez de ne jamais laisser pleurer votre bébé.

- Lorsque vous cherchez à découvrir les causes des pleurs de votre bébé, envisagez les possibilités suivantes :
  Le bébé a faim et veut être nourri.
  Le bébé veut téter même s'il n'a pas faim.
  Le bébé veut qu'on le prenne ;
  Le bébé s'ennuie et a besoin d'être stimulé.
  Le bébé est fatigué et veut dormir.

- Si les pleurs continuent pendant plus de cinq minutes malgré une forme d'intervention, alors essayez-en une autre.

- Décidez vous-même de l'ordre dans lequel les possibilités citées plus haut doivent être explorées.

Que faire quand bébé pleure?

• Ne craignez pas de trop nourrir votre bébé. Ce ne sera pas le cas.

• Ne craignez pas de gâter votre bébé. Ce ne sera pas le cas non plus.

Ces recommandations étaient fondées sur la théorie selon laquelle les bébés pleurent pour exprimer un besoin et qu'il continueront de pleurer tant que ce besoin ne sera pas satisfait. Les résultats de cette étude ont démontré que les bébés ayant des coliques pleuraient en moyenne 2,6 heures (± 1,0) par jour comparativement à 1,0 heure (± 0,5) par jour pour les bébés n'ayant pas de coliques. Les pleurs des nourrissons du groupe I, traités selon la méthode restrictive, n'ont pas diminué. Par contre, les pleurs des nourrissons du groupe II, traités avec affection et une attention immédiate, avaient diminué dans une proportion de soixante-dix pour cent, c'est-à-dire de 2,6 heures à 0,8 heure par jour. Il semble donc qu'une relation parent-bébé empreinte d'affection et d'attention immédiate peut contribuer à réduire les manifestations de coliques chez les nourrissons.

RÉFÉRENCES

Andersen, A. N et al. 1982. Suppressed prolactin but normal neurophysin levels in cigarette smoking breastfeeding women. *Clin Endocrinol* 17:363.

Clark, R.L. et al. 1983. A study of the possible relationship of progesterone to colic. *Pediatrics* 32:65.

Heacock, H. J. et al. 1992. Influence of breast versus formula milk on physiological gastroesophageal reflux in health, newborn infants. *J Pediatr Gastroenterol*, 14:41-46.

Matheson, I. et al. 1989. The effects of smoking on lactation and infantile colic. *J Am Med Assoc*, 261:42.

Paradise, J. L. 1966. Maternal and other factors in the etiology of infantile colic. *J Am Med Assoc* 197:123.

Said, G. et al. 1984. Infantile colic and parental smoking. *Br Med J* 289:660.

Sankaran, K. et al. 1981. Intestinal colic and diarrhea as side effects of intravenous alprostadil administration. *Am J Dis Child* 135:664.

Taubman, B. 1984. Clinical trial of the treatment of colic by modification of parent-infant interaction. *Pediatrics* 74:998.

Weissbluth, M. 1983. *Crybabies*. New York: Arbor House.

Weissbluth, M. and Green, O. 1983. Plasma progesterone concentrations in infants: Relation to infantile colic, *J Pediatr* 103:935

Chapitre 6

Comment apaiser le bébé qui pleure

« Aucune ne fonctionne à tout coup » se plaignait un père ingénieux qui avait accumulé un vaste répertoire de méthodes pour apaiser pour son bébé maussade. Au cours du présent chapitre, je vous ferai part de moyens qui ont été efficaces dans notre propre famille ainsi que de nombreuses suggestions que des parents m'ont communiquées au fil des ans.

Les méthodes d'apaisement peuvent être regroupées en trois grandes catégories :

- le mouvement rythmique ;
- le contact physique ;
- les sons apaisants.

Pour apaiser le bébé maussade, il s'agit essentiellement de recourir à des activités lui rappelant sa vie intra-utérine. Imaginez l'environnement du fœtus. Il flotte librement dans un milieu liquide à température constante avec lequel la moindre petite partie de son corps est en contact. Il est nourri automatiquement et de façon continue, entouré de sons étouffés, apaisants et rythmés. Même lorsqu'il est temporairement dérangé par l'anxiété de sa mère ou par des bruits sonores du monde extérieur, le fœtus a l'assurance que son univers paisible retrouvera bientôt son état prévisible. Le bébé à naître s'habitue à se sentir bien. Les méthodes d'apaisement ont toutes pour but d'imiter, aussi fidèlement que possible, le confort que le fœtus a été programmé à attendre de son environnement. Si vous avez un bébé aux besoins intenses, considérez les trois premiers mois suivant la naissance comme le quatrième trimestre de votre grossesse.

Bougez en harmonie avec votre bébé

L'importance du mouvement pour le bébé

Derrière chaque oreille se trouve un minuscule organe d'équilibre, appelé l'appareil vestibulaire. Ce système complexe rend les diverses parties du corps sensibles à leurs relations entre elles et aide à maintenir le corps en équilibre dans l'espace. Le vestibule est comparable à trois minuscules niveaux de charpentier : l'un sert à l'équilibre latéral, un autre à l'équilibre de bas en haut et le troisième sert à équilibrer le corps d'avant en arrière. Les trois niveaux fonctionnent en harmonie pour assurer l'équilibre. Chaque fois que vous bougez, le liquide contenu dans ces canaux se déplace le long de minuscules cils qui vibrent et envoient des impulsions nerveuses aux divers muscles de votre corps pour vous permettre de garder l'équilibre. Par exemple, si vous penchez trop d'un côté votre système vestibulaire signalera que vous devriez incliner votre corps en direction opposée pour ne pas tomber. Le fœtus possède un système vestibulaire très sensible et constamment stimulé, car il est presque continuellement en mouvement. Voilà pourquoi c'est le mouvement, et non l'immobilité, qui caractérise l'état normal du bébé. Lorsqu'il naît, le bébé s'attend à ce que son système vestibulaire soit stimulé. L'image qu'on nous renvoie d'un bébé étendu dans son berceau, éveillé et calme est une image totalement irréaliste de la façon dont les bébés se comportent. Le fœtus n'est peut-être pas non plus habitué aux changements de gravité, ce qui peut expliquer pourquoi le bébé ultrasensible doit être déposé avec une grande douceur.

Comment bouger avec son bébé

Puisque le système vestibulaire du nouveau-né est habitué à une stimulation constante en trois dimensions, la façon idéale d'apaiser un bébé qui pleure consiste donc à le mouvoir selon les trois dimensions, c'est-à-dire de gauche à droite, d'avant en arrière et de bas en haut. Certains bébés se calmeront s'ils sont bercés, mais le bercement ne stimule le système vestibulaire que dans une dimension, d'avant en arrière (avec un léger mouvement de bas en haut). Pour calmer le bébé maussade, il est généralement nécessaire de le mouvoir dans les trois dimensions. Les personnes expérimentées qui savent consoler les bébés l'ont appris et elles ont adopté une danse qui se déroule à peu près ainsi : avec le bébé dans une écharpe ou un autre type de porte-bébé, placé sur votre épaule ou emmailloté et niché au creux de vos bras, commencez à marcher en vous balançant de gauche à droite (stimulant ainsi la partie latérale du système vestibulaire du bébé). Chaque fois que vous faites quelques pas, vous inclinez le corps d'avant en arrière et vice versa, vous appuyant sur un pied et balançant l'autre vers l'avant. La troisième phase de cette petite danse comporte des mouvements de bas en haut, accomplie facilement grâce à la marche dite « talon-orteil ». Vous vous haussez sur la pointe des pieds jusqu'à ce que vous sentiez une légère tension des muscles du

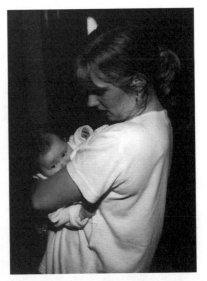

Bouger est réconfortant pour bon nombre de bébés maussades.

mollet. Il convient davantage que la mère dise qu'elle « danse » avec son bébé pour le réconforter, plutôt qu'elle marche avec le bébé dans ses bras. Cette danse stimule les trois régions du système vestibulaire du bébé.

Des recherches ont démontré que le mouvement de bas en haut de la danse est le plus efficace pour apaiser la plupart des nourrissons. Certains bébés aux exigences moyennes dans ce domaine se calment aisément lorsqu'ils sont portés et promenés par leurs parents. Ce sont les mouvements auxquels le bébé s'était le plus habitué avant sa naissance. Chez la plupart des parents, le balancement de gauche à droite est plus naturel que les mouvements de bas en haut et de va-et-vient. Voilà pourquoi vous verrez très souvent un parent expérimenté, père ou mère, bien campé sur ses pieds, mais avec le reste du corps se balançant de gauche à droite pendant qu'il tient un bébé endormi. Ce parent espère que le mouvement aidera à garder le bébé endormi, particulièrement lors de certains évènements où les bébés, et encore plus les bébés qui pleurent, ne sont pas les bienvenus. En fait, les parents exécutent ces petites danses si souvent au cours des premiers mois suivant la naissance qu'elles deviennent une partie intégrante de leur vie. Une mère m'a raconté qu'un jour, à une fête, alors qu'elle tenait un verre de soda au gingembre à la main, une autre mère s'est approchée d'elle et lui a fait

Des vues et des sons intéressants peuvent calmer un bébé maussade.

remarquer qu'elle semblait chanceler légèrement. Puis, cette observatrice s'est exclamée : « Je sais que vous n'avez pas trop bu, alors je suppose que vous avez dû avoir un bébé tout récemment. »

Allaiter en mouvement. Une méthode d'apaisement très efficace consiste à allaiter le bébé pendant que vous êtes debout à vous balancer en cadence de gauche à droite ou pendant que vous vous bercez dans une chaise berçante.

La partenaire de danse préférée du bébé. Vous êtes-vous déjà demandé pourquoi, dans certains cas, seule la mère peut consoler le bébé ? Le bébé aux besoins intenses est très sélectif. Souvent, seule sa mère est en mesure de trouver la danse d'apaisement appropriée, car elle est celle qui a bougé avec lui au cours des neufs mois précédant sa naissance. C'est comme si le bébé disait à sa mère : « J'aime ton style. » C'est ce qui explique également la frustration de certains pères lorsqu'ils tentent de donner un répit à leur femme en essayant de calmer leur bébé maussade. La danse du père avec le bébé agité et en pleurs se termine, au bout de quelques instants, avec : « Tiens, prends-le. Je démissionne. »

Pères, consolez-vous. Votre bébé ne vous rejette pas, il n'est tout simplement pas encore familier avec votre style. Vous n'avez pas dansé ensemble neuf mois, comme la mère et le bébé l'ont fait. Il y aura des moments où un bébé agité préférera les bras calmes et fermes de son père aux bras tendus de sa mère, fatiguée par une journée harassante.

La vitesse. À quel rythme faut-il bercer le bébé ? Des études ont démontré que le moyen le plus efficace d'apaiser le bébé consiste à le bercer à une fréquence de soixante à soixante-dix mouvements à la minute. N'est-il pas intéressant de constater que ce rythme correspond au rythme cardiaque moyen d'une mère et également à la cadence normale de la marche ? Ces résultats renforcent la notion selon laquelle la meilleure façon de calmer un bébé est d'imiter les sons et les mouvements auxquels il s'était habitué dans l'utérus.

Lorsque « l'utérus » n'en peut plus

Apaiser votre bébé en bougeant signifie que vous devez créer l'impression qu'il est à nouveau dans l'utérus. Toutefois, tôt ou tard vos bras et vos jambes se fatigueront et l'« utérus » n'en pourra plus. Voici quelques suggestions qui aideront à prolonger la sensation de l'utérus, même quand le père ou la mère sont fatigués :

Le porte-bébé. Porter le bébé sur soi est une stratégie très efficace pour calmer le bébé maussade. Lorsque vous utilisez une écharpe ou un autre type de porte-bébé pour garder votre bébé près de vous, ce dernier bénéficie de tous les avantages de votre présence et vos mains restent libres. Vos hanches et vos épaules se partagent le poids du bébé. Le porte-bébé offre donc un soulagement lorsque les bras du père ou de la mère n'arrivent plus à tenir le coup. Si vous avez le bonheur d'avoir un bébé aux besoins intenses, vous trouverez utile de vous habituer à porter le bébé sur vous.

Dans notre famille, nous avons constaté que l'écharpe porte-bébé est particulièrement polyvalente et efficace. Le tissu de l'écharpe enveloppe le bébé, contenant le mouvement des bras et des jambes. Le bébé est près du cœur de sa mère et de la chaleur de son corps. Il entend sa voix familière et apprécie ses mouvements habituels. À mesure que le bébé grandit et s'intéresse davantage au monde qui l'entoure, l'écharpe lui sert de perchoir sécuritaire pour observer un décor sans cesse changeant, ce qui est de loin plus intéressant que d'être allongé dans un berceau à regarder un mobile.

La clé de la réussite du porte-bébé est de l'intégrer à votre routine quotidienne. N'attendez pas que votre bébé soit maussade avant de vous en servir. Les bébés qui sont portés ont tendance à être moins maussades. Faites de votre porte-bébé un endroit spécial pour votre bébé, qu'il soit heureux et éveillé ou maussade et fatigué. Il s'habituera à se sentir calme et paisible dans le porte-bébé et vous pourrez poursuivre vos tâches ménagères, jouer avec un enfant plus âgé ou sortir pour prendre une marche. Les porte-bébés sont utiles pour aller à l'épicerie ou faire des courses avec le bébé. Être près de vous aide votre bébé à se sentir en sécurité, même dans l'environnement surexcitant d'un supermarché ou

Position semi-inclinée

Pour s'occuper d'un enfant plus âgé

Position hamac

Position bébé kangourou

Position face à face

Position hamac

Position nid d'oiseau

Position nid d'oiseau

Position face à face

Que faire quand bébé pleure?

d'un grand magasin. De plus, votre bébé aura une bonne vue de tous les étalages attrayants placés à la hauteur des yeux des adultes.

Le porte-bébé est un bon outil, surtout pour les pères, pour préparer le bébé au sommeil. Lorsque le bébé a été nourri, placez-le dans le porte-bébé et promenez-vous doucement dans la maison ou à l'extérieur. Vous pouvez même travailler à votre bureau, lire votre courrier ou regarder une partie de football, du moment que vous continuez à bouger un peu. Votre bébé s'endormira rapidement, mais ne le déposez pas tout de suite. Laissez-le dormir dans le porte-bébé, sur vous, pendant vingt à trente minutes, jusqu'à ce qu'il soit profondément endormi. Allez ensuite vers le lit et penchez-vous au-dessus du matelas pour y déposer le bébé dans le porte-bébé. Allez-y doucement, surtout si le bébé semble vouloir se réveiller. Une fois le bébé déposé sur le lit, glissez le porte-bébé par-dessus votre tête pour vous en libérer et quittez la pièce (ou restez et profitez-en pour faire une sieste). Vous avez permis au bébé de faire cette importante transition progressive de l'état d'éveil au sommeil.

Contrairement à la plupart des autres porte-bébés, l'écharpe porte-bébé peut être utilisée de différentes façons à différentes étapes du développement du bébé. Les nouveau-nés s'y blottissent, les bébés plus âgés s'y tiennent assis la face vers l'avant. Lorsque votre bébé est assez âgé pour s'appuyer sur votre hanche, l'écharpe supporte son poids et vous laisse libre de faire autre chose de vos mains. Elle peut aussi servir avec un bambin maussade.

Pour de meilleurs résultats, habituez votre bébé au porte-bébé dès ses premières semaines de vie. Si vous n'êtes pas certaine de bien vous servir du porte-bébé, demandez l'aide de quelqu'un qui a de l'expérience. De nombreux groupes de la Ligue La Leche vendent des porte-bébés. Les monitrices et les membres de la Ligue La Leche vous montreront comment vous en servir. Voici un précieux conseil que nous donnons souvent aux nouvelles mères qui apprennent à se servir d'un porte-bébé : après avoir installé votre bébé, commencez à marcher immédiatement. Le mouvement aidera votre bébé à se placer dans cette nouvelle position. Lorsqu'il sera plus âgé, il commencera à se calmer ou à manifester son enthousiasme dès que vous vous préparerez à le mettre dans le porte-bébé.

Autres sources de mouvement

La balançoire. Une balançoire mécanique réussira souvent à calmer un bébé maussade et les parents obtiendront alors quelques minutes d'un repos bien mérité. Ces dispositifs sont habituellement conçus pour balancer le bébé à environ soixante mouvements à la minute. Les modèles plus sophistiqués fonctionnent même au son d'une mélodie.

Il y a toutefois des bébés qui ne se calmeront pas dans ces balançoires, car elles ne permettent que des mouvements en deux dimensions, c'est-à-dire un mouvement d'avant en arrière et un léger mouvement de bas en haut. Certains bébés aux besoins intenses sont si sélectifs qu'ils ne se calmeront que si l'on ajoute la troisième dimension à ces deux types de mouvements, soit le balancement de gauche à droite. C'est peut-être la raison pour laquelle un adulte qui prend et porte un bébé arrive plus facilement à le calmer que les balançoires commerciales. Le père ou la mère peut adapter ses mouvements aux préférences du bébé. De plus, cette « balançoire » vient avec un être humain.

La balade en voiture. La thérapie de l'autoroute (c'est ainsi que je l'appelle) est une méthode qui réussit à calmer le bébé maussade et à l'endormir. Installez le bébé dans un siège d'auto conforme aux normes gouvernementales et partez faire une balade. Les randonnées sur l'autoroute sont les plus efficaces, car les arrêts et les départs fréquents risquent de réveiller un bébé sensible qui a besoin d'un mouvement monotone continu. Cette méthode est particulièrement utile aux pères qui désirent donner un répit à leur femme, mais constatent que le bébé ne se calme pas dans leurs bras. Cette balade en voiture peut également être une occasion de passer du temps en famille, car les deux parents peuvent converser sans être interrompus après que le bébé soit endormi. Le fait de conduire ainsi pendant au moins vingt minutes après que le bébé soit endormi lui permet d'entrer dans la phase de sommeil profond. Vous pouvez alors retourner à la maison, prendre le bébé dans le siège d'auto et le rentrer dans la maison pour qu'il termine sa sieste. Si le simple fait de le déplacer le réveille et que vous avez désespérément besoin de sommeil, installez-vous dans l'auto et faites-y une sieste. À cet effet, gardez un oreiller (ou un roman) dans la voiture.

Le trampoline. Le père d'un bébé aux besoins intenses m'a confié qu'il est capable de calmer son bébé en dansant de façon rythmique sur un petit trampoline à usage domestique. Cela est sûrement plausible si l'on considère que le bébé a besoin de stimulation dans les trois dimensions. La danse sur un trampoline permet à la personne qui l'exécute de donner plus d'ampleur aux mouvements de bas en haut, de va-et-vient et de gauche à droite. Un autre bon point en faveur des parents ingénieux.

Le landau. Procurez-vous une de ces voitures d'enfant démodée, celle qu'on appelle landau, à grosse caisse suspendue et munie de plusieurs ressorts qui la font osciller. Ces landaus bien rembourrés que l'on fait doucement osciller sont parfois beaucoup plus efficaces pour apaiser le bébé que les nouveaux modèles pliants sans ressorts. Si vous utilisez une poussette, choisissez un modèle où le bébé vous fait face.

Des objets mobiles. Les objets qui se meuvent en cadence et qui produisent un son régulier et monotone ont souvent un effet apaisant sur un bébé maussade :

- un ventilateur de plafond en mouvement ;
- la douche (installez le bébé dans un siège de bébé et placez-le dans la salle de bain pendant que vous prenez une douche) ;
- les vagues à la plage ou une fontaine d'eau à la maison ;
- des lumières qui bougent ou clignotent, comme une lampe à bulles d'huile ou des décorations de Noël ;
- le balancier d'une horloge ;
- les arbres agités par le vent (installez le bébé devant la fenêtre afin qu'il puisse les contempler).

Le contact physique : touchez à votre bébé

Tenir votre bébé tout contre vous est une technique d'apaisement efficace. Les bébés aiment être près de quelqu'un, avec le plus de contact peau à peau possible.

Un bain chaud ensemble

Remplissez la baignoire au moins à moitié. La mère s'étend au fond en tenant son bébé contre elle (ou encore, le père peut lui tendre le bébé). Laissez le bébé flotter à moitié pendant qu'il tète de sorte que vos seins

Le bébé est réconforté sur la poitrine de son père en écoutant sa respiration et ses battements de cœur.

soient à seulement quelques centimètres au-dessus du niveau de l'eau. Laissez le robinet et le bouchon du bain légèrement entrouverts, ce qui permet non seulement d'entendre le bruit apaisant de l'eau qui coule, mais aussi de maintenir l'eau à une température confortable (environ 38° C).

Une chaude toison

Étendez un drap sur le bébé, vêtu seulement de sa couche, couché à plat ventre sur la poitrine nue de son père. Placez l'oreille du bébé au-dessus du cœur du père. Les battements du cœur du père combinés à sa respiration et accompagnés de tapotements en cadence sur le dos du bébé aideront, en général, à endormir tant le père que l'enfant. L'expérience m'a enseigné que cette position donne de meilleurs résultats lorsque le bébé a moins de trois mois. Les bébés plus âgés gigotent trop pour qu'on puisse les garder tranquilles sur notre poitrine.

Je recommande aux pères de s'allonger sur le plancher ou sur le lit pour essayer cette position. Ne l'essayez pas sur un divan. Si le père s'endort et que le bébé glisse, il peut se trouver coincé entre le corps du père et les coussins et suffoquer. Le lit doit être poussé sur le mur ou muni de barrières de sécurité si le père prévoit s'assoupir avec son bébé.

Le massage

Un massage aidera le bébé à se détendre et à se calmer. Plusieurs ouvrages, dont celui du docteur Frédéric Leboyer, Shantala ou de Vimala McClure Infant Massage expliquent comment masser le bébé. Pour plus de détails à ce sujet, consultez le chapitre 5.

Un nid pour allaiter

Lorsque le bébé est fatigué, étendez-vous avec lui sur un lit ou sur le plancher et enroulez votre corps en position du fœtus autour du sien. Laissez-le se blottir entre vos bras, près de vos seins, avec le plus de contact peau à peau possible.

Plier les jambes du bébé au niveau des hanches peut faciliter le passage de gaz ou de selles difficiles.

Vous pouvez vous endormir tous deux en l'allaitant ainsi.

La peau de mouton

Les peaux de mouton ont un effet calmant auprès de certains bébés. Ces peaux de mouton ont été spécialement tondues pour être sécuritaires et confortables pour les bébés. De plus, elles sont lavables à la machine. Étendez cette peau sur un lit ou sur le plancher et placez-y le bébé sur le dos. Le contact de la peau de mouton, le tapotement de votre main et votre présence calmeront probablement le bébé et il s'endormira.

Des exercices d'assouplissement

Certains bébés aux besoins intenses ont tendance à raidir les muscles et à se cambrer. Ils sont difficiles à tenir, car ils ne se blottissent pas facilement. Vous pouvez détendre ce type de bébé en le transportant dans une position « pliée » vers l'avant. Lorsque vous pliez les jambes du bébé au niveau des hanches, tout son dos se détend et il sera moins porté à se cambrer, surtout durant les tétées. Plier et allonger les jambes du bébé en alternance (lui faire faire de la « bicyclette ») peut également être utile. Enfin, on peut aussi le placer à plat ventre sur un ballon de plage. De nombreux bébés trouvent cela très amusant.

Vous pouvez également utiliser votre écharpe porte-bébé pour garder votre bébé en position « pliée ». L'écharpe maintient naturellement le bébé en position pliée vers l'avant. L'écharpe est pratique pour maintenir le dos en bonne position chez les bébés qui se cambrent durant la tétée. Les bébés plus âgés, capables de soutenir leur tête et leurs épaules, aiment parfois s'asseoir en tailleur dans le porte-bébé, les hanches pliées et la face vers l'avant.

Des sons apaisants

Le recours à divers sons apaisants pour calmer le bébé maussade est un autre type de méthode d'apaisement. Même si certaines des suggestions suivantes peuvent sembler un peu étranges, elles ont fait leurs preuves. Rappelez-vous que le bébé est habitué aux sons dont le tempo rappelle les battements du cœur, soit environ soixante à soixante-dix battements à la minute. Si vous pouvez ajuster la vitesse des sons à ce rythme, faites-le. Voici quelques suggestions de sons apaisants :

- un métronome ;

- une horloge à pendule (débranchez le carillon) ;

- des enregistrements de battements de cœur adultes et autres enregistrements de sons intra-utérins ;

- l'eau qui coule d'un robinet ou de la douche ;

- le ronronnement de l'aspirateur, du climatiseur, du ventilateur ou du lave-vaisselle ;

- des enregistrements de bruits de vagues, de chutes d'eau, de pluie qui tombe et autres bruits de la nature ;

- la mère ou le père qui chante des berceuses de vive voix ou sur des enregistrements (plus les airs sont graves, monotones et rythmés, plus ils seront apaisants) ;

- des enregistrements des pleurs du bébé lui-même (faites-les-lui écouter au moment d'une crise de pleurs, il en sera peut-être à ce point saisi qu'il arrêtera de pleurer, ce qui vous donnera l'occasion d'utiliser d'autres moyens pour le réconforter) ;

- de la musique classique, par exemple du Mozart, du Vivaldi, de la guitare classique, de la flûte.

La musique peut calmer un bébé maussade.

C'est le « bruit de fond » qui réussit le mieux à endormir le bébé. C'est un type de bruit qui est monotone et répétitif et qui englobe toutes les fréquences perceptibles par l'oreille humaine. Il ne comporte aucun message et engourdit l'esprit. Une fois que vous aurez identifié les bruits de fond qui apaisent votre bébé, enregistrez-les et faites-les-lui jouer sur un magnétophone à relecture automatique. Je connais une mère qui a usé plusieurs aspirateurs avant de réaliser qu'elle pouvait tout aussi bien calmer son bébé en lui présentant un enregistrement du son de l'aspirateur.

Vous découvrirez vous-même d'autres méthodes pour consoler votre bébé maussade. Une mère qui avait un bébé aux besoins intenses et qui tentait désespérément de trouver un moyen de le calmer m'a fait part d'une technique inusitée mais ingénieuse. Elle attachait son bébé dans son siège d'auto et attachait ensuite le siège sur la laveuse pendant que celle-ci fonctionnait. Les vibrations et le ronronnement de l'appareil endormaient le bébé. Il faudrait peut-être ajouter un nouveau cycle aux laveuses automatiques : laver et endormir. (Pour des raisons de sécurité, la mère ne laissait pas son bébé seul sur le dessus de la laveuse.)

Les sons qui apaisent, les danses qui enchantent et les caresses qui réconfortent sont des méthodes d'apaisement différentes qui mettent en valeur le meilleur côté des parents et de leur bébé.

Chapitre 7

L'alimentation du bébé maussade

Au cours des premiers mois, vous consacrerez probablement plus de temps à nourrir votre bébé qu'à faire toute autre activité avec lui. Le bébé aux besoins intenses a toutefois également tendance à se montrer maussade à l'heure des repas, ce qui risque de rendre ces moments difficiles. Ce chapitre vous aidera à profiter des repas de votre bébé en rendant ces moments plus faciles pour vous deux.

Le sein ou le biberon : y a-t-il une différence ?

L'allaitement est évidemment ce qu'il y a de mieux pour le bébé, particulièrement le bébé maussade, ainsi que pour la mère. Les bébés allaités sont en meilleure santé, souffrent moins d'infections respiratoires et gastro-intestinales et bénéficient d'avantages considérables au niveau du développement. Pour les mères de bébés aux besoins intenses, l'allaitement peut être la meilleure arme, la technique de réconfort la plus fiable. Après tout l'allaitement a été conçu pour profiter autant à la mère qu'à son bébé.

Les avantages pour le bébé maussade

Moins d'allergies. L'allaitement élimine le risque d'allergie au lait, une cause du tempérament maussade et des coliques chez le bébé. Certains bébés sont allergiques aux protéines du lait de vache ou de soya des préparations lactées pour nourrissons. Les protéines du lait de vache peuvent provoquer des réactions allergiques ainsi qu'un sentiment général de malaise.

Plus de contacts avec la mère. Comme le lait maternel est digéré plus rapidement que la préparation lactée, le bébé allaité doit être nourri plus souvent, ce qui signifie également qu'on le prend plus souvent. Règle générale, le bébé maussade a besoin d'être pris davantage et l'allaitement

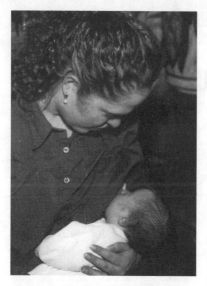
L'allaitement a un effet apaisant tant sur la mère que sur le bébé.

lui procure naturellement un contact peau à peau supplémentaire.

Les avantages pour la mère?

L'allaitement est vraiment avantageux pour la mère d'un bébé maussade. Elle peut être tentée de croire qu'allaiter un bébé maussade est trop exigeant ou trop épuisant. Bien des gens oublient que l'allaitement profite aussi à la mère. La mère d'un bébé maussade a le sentiment qu'elle donne sans arrêt à son bébé, mais le bébé allaité donne quelque chose en retour à sa mère.

L'allaitement augmente le taux de prolactine chez la mère, « l'hormone de la persévérance ». Cette hormone fournit à la mère un surcroît d'énergie durant les périodes éprouvantes. Nombreuses sont les mères ayant remarqué l'effet apaisant de la tétée sur elles-mêmes et sur leur bébé. Les changements hormonaux sont probablement responsables de cet effet tranquillisant chez la mère. Il y a peut-être aussi dans le lait maternel des substances non encore identifiées susceptibles d'avoir un effet tranquillisant sur le bébé. De fait, des chercheurs ont récemment découvert la présence d'une protéine provoquant le sommeil. La tétée oblige la mère à s'asseoir et à se détendre. Elle l'oblige à laisser de côté ses autres obligations.

Une mère qui allaite peut rarement ignorer son bébé. Les mères qui allaitent manifestent souvent une sensibilité plus grande aux signaux de leur bébé. L'allaitement est un exercice de décodage des signaux du bébé. Les mères apprennent à décoder les indices de faim chez leur bébé et peuvent y répondre rapidement, sans passer par la cuisine pour réchauffer un biberon. L'allaitement permet au bébé de contrôler la quantité de lait qu'il boit et à quel rythme il boit. À mesure qu'une mère apprend à respecter les signaux de satiété du bébé, elle apprend à avoir confiance que son bébé sait vraiment ce dont il a besoin. Les pleurs du bébé ou même un indice de faim plus subtil suffisent à provoquer le réflexe

Que faire quand bébé pleure?

d'éjection du lait chez la mère et tout son corps lui rappelle que son bébé a besoin d'elle. La mère qui donne le biberon peut, elle aussi, apprendre à décoder les signaux de son bébé, mais elle devra faire un effort plus conscient puisqu'elle est dépourvue des mécanismes physiologiques qui renforcent l'instinct maternel de la mère qui allaite.

Des substances dans le lait maternel qui peuvent rendre le bébé maussade

Même si l'allaitement en soi exerce un effet apaisant sur les bébés aux besoins intenses, certaines substances du régime alimentaire de la mère peuvent se retrouver dans son lait et rendre certains bébés maussades. De petites quantités de protéines du lait de vache peuvent passer dans le lait de la mère et provoquer des réactions allergiques chez certains bébés plus sensibles. Des mères ont remarqué que seule une grande quantité de lait aura un effet sur le bébé et qu'elles peuvent consommer d'autres produits laitiers, notamment du yogourt et du fromage cottage, sans que le bébé n'ait de réaction particulière. D'autres bébés par contre peuvent être incommodés par le lait ou les produits laitiers que consommera la mère, quelle que soit la quantité. Si vous pensez que quelque chose dans votre lait affecte votre bébé, essayez d'éviter tout produit laitier pendant deux semaines afin de voir si les coliques diminuent ou disparaissent. Tenez un registre précis de ce que vous mangez ainsi que des crises d'irritabilité de votre bébé afin de déterminer s'il y a un lien entre les deux. Par la suite, réintroduisez le lait dans votre régime alimentaire pour voir si les symptômes réapparaissent. Si vous n'êtes pas certaine des résultats, répétez le test une seconde fois. Une réapparition des symptômes est probablement le signe que votre bébé est sensible aux protéines du lait de vache et vous feriez alors mieux d'éviter le lait de vache pendant que vous allaitez. D'autres allergènes communs sont les œufs, le blé, le maïs, les noix et le beurre d'arachide.

Les substances contenant de la caféine dans votre alimentation sont également susceptibles de déranger votre bébé. Ces substances comprennent le café, le thé, le chocolat, les colas et certaines autres boissons gazeuses. Plusieurs médicaments vendus sans ordonnance contiennent également de la caféine. Lisez soigneusement les étiquettes si vous ou votre bébé réagissez à la caféine. L'irritabilité de votre bébé

Le bébé doit être bien soutenu afin de pouvoir prendre le sein efficacement.

est peut-être également liée à votre consommation de caféine. La tasse de café occasionnelle ou l'indispensable tasse de café du matin ne le dérange peut-être pas, mais les cafés ou les colas à longueur de journée peuvent faire en sorte que votre bébé est incapable de se calmer pour s'endormir le soir.

Les aliments qui donnent des gaz (par exemple, le chou cru, les oignons, le chou-fleur, les poivrons verts et le brocoli) peuvent également contribuer aux épisodes de coliques. Il est difficile d'expliquer scientifiquement comment des aliments qui causent de la flatulence chez la mère peuvent avoir un effet semblable chez le bébé, mais qui suis-je pour contredire des mères expérimentées qui affirment que c'est exactement ce qui se produit ?

Dans l'ensemble, les aliments que consomme la mère qui allaite dérangent rarement la plupart des bébés. Si vous avez pris l'habitude de goûter à votre lait, vous serez probablement capable d'y déceler les changements de goût ou d'odeur. Ces changements pourront vous aider à comprendre ce qui se passe lorsque votre bébé refuse subitement le sein. Les décongestifs, les comprimés contre le rhume contenant de la caféine et les vitamines prénatales prises par la mère sont également reconnus pour causer de l'irritabilité chez les bébés sensibles.

Les difficultés de l'allaitement

Il est important de régler les difficultés de l'allaitement dès leur apparition, surtout chez les bébés aux besoins intenses. La tétée est une des mesures de réconfort les plus fiables. Il est important que vous et votre bébé connaissiez un bon départ. Le bébé qui a de la difficulté à téter risque de développer une attitude malsaine face à l'allaitement : il devient maussade dès que sa mère commence à l'allaiter. Une monitrice de la

Ligue La Leche ou une consultante en lactation peut vous aider à régler ces difficultés dès les premiers jours de vie du bébé.

Mettre le bébé maussade au sein

« Voilà comment il est, mon petit monstre ! » se lamentait, avec humour, une mère alors qu'elle tentait d'allaiter son bébé maussade qui se tortillait, se cambrait et rejetait la tête en arrière en s'éloignant du sein. Le bébé maussade n'a pas la réputation d'avoir de bonnes manières à l'heure des repas. Il a tendance à rejeter la tête en arrière et à arquer le dos, ce qui peut rendre l'allaitement difficile. Lorsqu'il se

La position ballon de football est efficace pour certains bébés maussades.

cambre et rejette ainsi la tête, le bébé déséquilibre complètement son mécanisme de succion. Sa langue retombe à l'arrière de la bouche et il devient incapable de saisir le mamelon correctement pour obtenir suffisamment de lait. Une mauvaise position du bébé au sein risque de causer des mamelons douloureux. De plus, les seins reçoivent moins de stimulation, ce qui contribue à réduire la production de lait de la mère.

Il est donc nécessaire de placer ces petits « archers » dans une position qui leur permettra de bien saisir le mamelon. Vous pouvez allaiter dans la position classique de la madone ou du berceau, le bébé soutenu par des oreillers sur vos genoux, mais vous devrez courber son torse le long de votre abdomen au moyen d'une pression ferme de la main sur ses fesses et ses cuisses. La position ballon de football est également efficace avec le bébé qui arque le dos et s'éloigne du sein. Le bébé est tenu sous le bras de la mère, du même côté que celui où il est allaité, et son corps est plié aux hanches, avec les fesses et les jambes appuyées contre le dossier de la chaise. Avec sa main, la mère peut alors contrôler fermement la tête du bébé en la supportant par l'arrière du cou. Le fait de plier ainsi le corps du bébé l'emporte sur sa tendance à raidir les muscles et à se rejeter vers l'arrière. L'utilisation d'une écharpe porte-bébé pendant la tétée peut également aider à garder le bébé dans une position pliée plus détendue.

Certains bébés se cambrent et refusent le sein parce qu'ils souffrent de reflux gastro-œsophagien (voir le chapitre 5). Ils ont appris à associer l'allaitement à la douleur et acceptent difficilement le sein. Il est important de chercher les causes pour lesquelles votre bébé se cambre tout en lui apprenant à ne plus le faire.

En plus d'être portés à se raidir et à se cambrer, certains bébés hypertoniques ont tendance à saisir le sein très fort, ou encore ils ont les muscles des lèvres si tendus et pincés qu'ils ne peuvent ouvrir grand la bouche et saisir le mamelon correctement, ce qui risque d'endommager sérieusement des mamelons sensibles. Massez les muscles des lèvres avant la tétée pour aider à les détendre. Appuyez doucement sur la mâchoire inférieure de votre bébé avec un doigt pendant la tétée, ce qui l'aidera à ouvrir grand la bouche, à bien saisir le sein et à téter correctement.

Si vous avez de la difficulté à allaiter votre bébé maussade dès le début, demandez de l'aide sans attendre. Une monitrice de la Ligue La Leche peut vous renseigner, vous offrir du soutien et vous diriger vers des ressources dans votre communauté au besoin.

Allaiter à l'abri

Un autre problème avec le bébé aux besoins intenses qui a des répercussions sur l'allaitement est le fait qu'il est hypersensible et facile à distraire. Je surnomme ce type de bébé «celui qui tète un peu, regarde un peu». Il prend et laisse le sein à plusieurs reprises pendant la tétée, jetant un coup d'œil à tout ce qui l'entoure et attire son regard. Ce type de bébé a besoin d'être allaité dans un endroit sombre et calme, ce qu'on appelle être allaité à l'abri.

Le marathon d'allaitement

« Mon bébé demande à téter jour et nuit » se plaignait une mère exténuée. Les bébés aux besoins intenses ont tendance à se lancer dans des marathons d'allaitement (comme tous les bébés le font de temps à autre). Ils associent la relation d'allaitement à quelque chose de plus qu'un simple mode d'alimentation; ils aiment l'ambiance générale du restaurant. Les bébés aux besoins intenses semblent particulièrement confortables en position d'allaitement et ils découvrent rapidement que la tétée est le meilleur moyen de réconfort pour les aider à s'adapter à leur nouvel environnement. La proximité avec la mère, le rythme de la succion et le bon lait chaud aide le bébé stressé à se sentir mieux. Je rappelle souvent aux parents que le bébé est celui qui prend et la mère, celle qui donne. Un marathon d'allaitement exige beaucoup de la mère, mais c'est une des méthodes les plus importantes et les plus efficaces pour adoucir le tempérament du bébé maussade. Il en est du marathon d'allaitement comme de nombreux autres investissements consentis par les parents. Si vous acceptez de répondre à votre bébé par ce moyen, vous recouvrerez chaque parcelle investie lorsque votre bébé aux besoins intenses deviendra plus tard un enfant généreux et épanoui.

Améliorer l'offre

Certains bébés au tempérament maussade deviennent très impatients lorsque le lait n'arrive pas assez vite. Les bébés aux besoins intenses tètent souvent goulûment et, s'ils ne sont pas satisfaits à l'instant, ils arquent le dos et rejettent la tête en arrière plutôt que de persévérer jusqu'à ce que le lait coule bien. Un réflexe d'éjection du lait qui tarde à se manifester peut contribuer à l'irritabilité de ces bébés impatients. Voici quelques suggestions pour accélérer votre réflexe d'éjection du lait :

- Préparez un coin pour allaiter, c'est-à-dire un endroit calme équipé d'un fauteuil confortable et d'oreillers, avec de la musique agréable et une table pour y déposer des collations et des boissons, des couches, des chiffons pour les rots, de la lecture pour vous et divers jouets pour distraire un frère ou une sœur aînée. Décrochez le téléphone.

- Prenez une douche ou un bain chaud avant d'allaiter.

- Faites la toilette du bébé et caressez-le avant de l'allaiter.

- Pensez à votre lait qui monte. Imaginez votre corps en train de produire du lait, comme un fontaine ou un torrent.

- Placez le bébé correctement au sein.

- Massez vos seins avant d'allaiter ou utilisez un tire-lait ou l'expression manuelle pour faire couler du lait avant que le bébé ne saisisse le sein.

Déséquilibre entre le lait de début et de fin de tétée

Le premier lait que reçoit le bébé au sein est le lait qui a été entreposé dans les sinus lactifères sous le mamelon. Ce lait, le lait de début de tétée, est faible en matières grasses et riche en lactose, le principal glucide du lait. À mesure que la succion du bébé stimule le réflexe d'éjection du lait chez la mère, le lait est poussé à l'extérieur des cellules lactifères situées plus haut dans le sein et acheminé en bas vers le mamelon. Ce lait de fin de tétée est plus riche en matières grasses. La teneur en matières grasses du lait augmente au cours de la tétée et c'est ce lait riche en matières grasses qui fournit au bébé les calories dont il a besoin pour grandir. Il lui indique aussi quand ralentir et quand il est rassasié.

Il arrive que certains bébés reçoivent trop de lait de début de tétée et pas assez de lait de fin de tétée, ce qui peut causer de l'irritabilité. Le bébé est incapable de digérer facilement tout le lactose et souffre alors de gaz douloureux. Il aura parfois des selles liquides, verdâtres et explosives et une éruption rougeâtre et douloureuse autour de l'anus. Ce scénario est particulièrement plausible chez le bébé qui boit rapidement ou qui passe au deuxième sein après seulement quelques minutes au premier. Il obtient suffisamment de lait de début de tétée pour subvenir à ses besoins caloriques, mais son système est surchargé de lactose. Ceci peut également se produire chez un bébé dont la mère a un surplus de lait.

C'est pourquoi les experts en allaitement recommandent aux mères de « vider d'abord le premier sein ». Offrez le deuxième sein seulement quand le bébé semble satisfait après avoir tété activement au premier sein et décidé lui-même de laisser le sein. Ceci permettra au bébé de recevoir plus de calories du lait de fin de tétée, plutôt que d'être ballonné de lait de début de tétée.

Suralimentation

Certains bébés sont maussades parce que leur estomac est trop plein. Certaines mères ont un réflexe d'éjection du lait particulièrement fort qui inonde le bébé de lait.

Si une surabondance de lait semble constituer une partie du problème, essayez d'offrir un seul sein par tétée. Si le bébé demande à téter à nouveau dans l'heure ou les deux heures qui suivent, offrez le sein « vidé » lors de la dernière tétée. Le lait riche en matières grasses encore présent saura satisfaire le bébé. Offrez ensuite l'autre sein à la prochaine tétée.

En offrant moins de lait, mais plus souvent, le bébé se sentira mieux. Puisque la teneur en matières grasses du lait diminue à mesure que l'intervalle entre les tétées augmente, le bébé recevra plus de calories dont il a besoin si vous l'allaitez plus souvent. Son estomac digèrera plus facilement une plus faible quantité de lait offerte à chaque heure ou deux. Les minuscules estomacs des bébés ne sont pas conçus pour digérer d'énormes repas.

Avaler de l'air au sein

Les bébés allaités ont tendance à avaler moins d'air que les bébés nourris au biberon, car ils ont un meilleur contrôle sur l'ensemble du processus d'alimentation. Des études ont démontré que le biberon est physiologiquement stressant pour les nourrissons en comparaison de l'allaitement. Les bébés allaités montrent un rythme de succion, de déglutition et de respiration plus régulier.

Il est vrai que certaines mères ont des réflexes d'éjection plus forts que d'autres et certains bébés sont meilleurs que d'autres pour gérer un torrent de lait. Les bébés qui doivent déglutir sans arrêt et qui ont de la difficulté à reprendre le dessus peuvent être maussades et agités au sein. Un débit rapide peut également leur faire avaler de l'air, ce qui leur cause des malaises intestinaux après la tétée. Le problème peut être en lien avec la surabondance de lait mentionnée plus haut. Une surabondance de lait combinée à la force de gravité peut produire un réflexe d'éjection très fort. Le fait d'offrir un seul sein à chaque tétée peut rajuster la production de lait aux besoins du bébé et rendre le débit de lait plus facile à gérer. L'expression manuelle d'une petite quantité de lait avant la tétée peut également réduire la force du réflexe d'éjection et faciliter la tétée pour le bébé.

Les bébés qui ne prennent pas le sein correctement et qui ne collent pas bien les lèvres sur le sein peuvent avaler de l'air pendant les tétées. Un bébé qui laisse facilement le sein, sans que vous ayez à briser la succion, n'a probablement pas une prise correcte et peut avaler de l'air. Des bruits de claquement pendant la succion sont un autre signe d'une mauvaise prise du sein. Une attention spéciale à la prise du sein peut corriger ce problème.

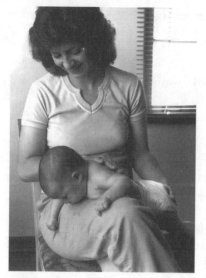

Couchez le bébé sur vos genoux et tapotez-lui le dos pour lui faire faire son rot.

Il peut être difficile pour le bébé de prendre le sein et de bien saisir le mamelon si les seins sont engorgés et gonflés. L'engorgement aplatit le mamelon et l'aréole (partie sombre autour du mamelon). Par conséquent, le bébé ne suce que le bout du mamelon au lieu de prendre une bonne partie ou la totalité de l'aréole dans sa bouche. Il n'obtient pas assez de lait de cette façon, mais avale beaucoup d'air. S'il pleure et proteste parce qu'il éprouve des difficultés, il risque d'avaler encore plus d'air. Vous pouvez minimiser les problèmes d'engorgement dès le début en ne limitant pas l'accès au sein au bébé. Encouragez-le à téter fréquemment et assez longtemps pour vider les seins. Des compresses chaudes et l'expression manuelle peuvent faire couler un peu de lait avant les tétées, ce qui assouplira l'aréole et facilitera la prise du sein au bébé.

Le bébé maussade nourri au biberon

« Nous avons tout essayé pour trouver la bonne préparation lactée » se plaignait un couple exaspéré, tout en repassant la liste des moyens utilisés pour calmer leur bébé maussade. L'expérience m'a appris que les changements de préparation lactée figurent en dernier lieu sur la liste des moyens efficaces dans les cas de coliques. Certains parents vont de médecin en médecin, simplement pour faire quelque chose, et chacun de

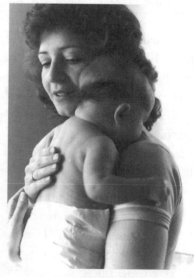

Après un repas, tenez le bébé à la verticale pour éviter qu'il ne régurgite.

ces médecins leur suggère une préparation lactée différente. Le temps que les parents essaient toutes les préparations lactées disponibles sur le marché, le bébé aura dépassé le stade des coliques, mais c'est le médecin qui aura fait la dernière suggestion qui obtiendra tout le crédit pour avoir enfin découvert celle qui lui convenait. Les coliques, chez certains bébés, diminuent lorsque la préparation au lait de vache est remplacée par une préparation au lait de soya, quoique certains qui sont allergiques aux préparations à base de lait de vache seront également allergiques à celles à base de soya. Certains bébés qui souffrent de coliques sont soulagés lorsqu'on leur offre une préparation prédigérée. Celles-ci coûtent cher et ne sont pas très appétissantes. Consultez votre médecin si votre bébé n'est pas allaité et que vous devez choisir une préparation lactée pour nourrissons.

Alimentation et éructation : les positions

Le bébé maussade a souvent tendance à régurgiter. La régurgitation est l'une des caractéristiques du bébé qui souffre de coliques, qu'il soit allaité ou non. Le bébé qui avale de l'air régurgite parce qu'une bulle d'air demeure emprisonnée sous la nourriture qui se trouve dans l'estomac. Lorsque l'estomac se contracte, il repousse l'air contre la nourriture et, à l'instar d'une pompe pneumatique, l'air expulse avec force tout ce qui se trouve sur son chemin.

Si votre bébé souffre de coliques, préparez-vous à utiliser plusieurs chiffons pour lui faire faire des rots sur votre épaule au cours des six premiers mois. La régurgitation diminue considérablement lorsque le bébé commence à passer la majeure partie de son temps en position verticale. La quantité de lait que régurgite le bébé semble toujours plus grande qu'elle ne l'est en réalité. Si votre bébé prend du poids, grandit et semble en général bien se porter, la régurgitation est plutôt un désagrément temporaire que le symptôme d'un problème d'ordre médical. Le bébé qui avale beaucoup d'air a aussi tendance à se nourrir souvent. Une fois l'estomac vidé de cet air, il ressent la faim et signale alors son besoin d'un nouveau repas.

L'art de nourrir un bébé qui a des coliques consiste à lui laisser avaler le moins d'air possible et à lui permettre d'en laisser sortir le plus possible. Du temps de nos grands-mères, on reconnaissait une mère expérimentée

Une bonne façon de faire faire un rot est d'asseoir le bébé sur vos genoux et de lui tapoter légèrement le dos.

à sa facilité à faire roter le bébé. Le bébé maintenu à la verticale durant les repas avale moins d'air et expulse plus facilement par la suite celui qui se trouve dans son estomac. Tenez le bébé à un angle de trente degrés ou plus pendant toute la durée du repas. Cette position permet à l'air de demeurer dans le haut de l'estomac, d'où il sera plus facilement expulsé avant qu'il n'ait la possibilité de se rendre jusqu'aux intestins, y causant des douleurs de coliques. (Cette position verticale aide également le bébé à gérer le débit rapide du lait qui accompagne un réflexe d'éjection puissant.) Après le repas, gardez le bébé à la verticale à un angle de quatre-vingt-dix degrés pendant au moins vingt minutes. Vous pouvez l'asseoir sur vos genoux, l'installer sur votre épaule pendant que vous êtes dans la chaise berçante ou vous tenir debout en vous balançant en cadence. Évitez de bousculer le bébé après la tétée, sinon vous risquez de recevoir un jet de nourriture partiellement digérée sur vos vêtements.

La position la plus efficace pour faire faire un rot au bébé est celle où il est assis bien droit sur vos genoux, le corps légèrement incliné vers l'avant sur votre main qui le soutient au milieu de l'abdomen. Tapotez-lui légèrement le dos de l'autre main. Il est difficile de faire faire un rot à certains bébés et d'autres ont rarement besoin d'en faire un. Si vous n'entendez aucun rot après dix minutes, de nouveaux efforts pour faire sortir cette supposée bulle d'air emprisonnée ne serviront probablement à rien.

La suralimentation et le bébé maussade

Certains bébés aux besoins intenses mangent trop mais ne grossissent pas plus qu'il ne faut, d'autres mangent trop et grossissent trop. Voilà une autre raison pour laquelle il est important d'allaiter. Tôt dans sa vie, le bébé aux besoins intenses apprend à associer nourriture et réconfort. C'est pourquoi il est porté à se nourrir souvent et pendant de longues périodes chaque fois. C'est ici qu'on remarque une différence fascinante entre l'allaitement et l'alimentation au biberon. Le bébé allaité n'obtient pas toujours un lait de composition identique. Lorsqu'il tète juste un peu pour se réconforter ou pour se faire prendre lors d'une période stressante, il reçoit le lait de début de tétée, pauvre en calories. Lorsqu'il tète plus longtemps pour satisfaire sa faim, il obtient également le lait de fin de tétée, plus crémeux et riche en calories. Le bébé nourri au biberon, par contre, obtient la même préparation lactée riche en calories du début à la fin de son repas, qu'il se nourrisse pour satisfaire son appétit ou pour se réconforter. Si les bébés nourris au biberon prenaient autant de repas que les bébés allaités, ils seraient tous ronds comme des ballons. Les bébés allaités, par contre, sont moins susceptibles de souffrir d'obésité durant l'enfance et l'adolescence. De nouvelles études confirment cette observation.

Ce besoin de repas fréquents peut expliquer pourquoi les parents de bébés maussades nourris au biberon ont tendance à introduire les aliments solides plus tôt. La mère qui nourrit son bébé au biberon est obligée d'inventer toutes sortes de moyens pour réconforter son bébé, car elle ne peut le nourrir aussi souvent que la mère qui allaite.

Le type physique auquel appartient le bébé a une grande importance relativement à son rythme de croissance, surtout s'il se nourrit souvent. Le bébé aux besoins intenses au corps de type ectomorphe (mince et anguleux) peut se nourrir constamment et pourtant il restera mince, car il brûle beaucoup d'énergie. Le nourrisson au corps de type mésomorphe ou endomorphe (court, avec des mains et des pieds potelés et des os larges et épais) est celui qui deviendra rondelet s'il se suralimente. Bon nombre de bébés qui sont potelés à l'âge de six mois brûleront cette énergie accumulée lorsqu'ils commenceront à ramper, à marcher et à courir.

L'introduction des aliments solides chez le bébé maussade

« Il est temps que tu donnes quelque chose à manger à ce bébé », disait la grand-mère bien intentionnée à sa fille, qui venait d'allaiter son bébé pour la troisième fois en trois heures. Le bébé, visiblement bien nourri, était déjà au sommet de la courbe de croissance.

L'introduction des aliments solides a été considérée pendant longtemps comme la panacée à tous les maux du nourrisson. La génération des parents qui ont nourri leurs bébés au biberon n'a pas encore été entièrement confrontée au fait biologique que leurs petits-enfants peuvent se développer fort bien grâce au lait de leur mère uniquement, et ce, pour la majeure partie de leur première année de vie. L'introduction trop hâtive d'aliments solides (avant le sixième mois) risque d'aggraver les coliques. Au mieux, elle n'a que peu d'effets sur le comportement des bébés et aide rarement à les faire dormir toute la nuit. Parce que le bébé qui souffre de coliques risque un peu plus que les autres de développer des allergies, je conseille aux parents d'attendre, avant d'introduire les aliments solides, que le développement du bébé indique si celui-ci est prêt, plutôt que de se fier au calendrier. Voici les signes démontrant que le bébé est prêt à manger des aliments solides :

- le bébé peut s'asseoir sans être soutenu ;

- le bébé peut saisir de petits objets à l'aide du pouce et de l'index ;

- le bébé est dans un marathon d'allaitement depuis plus d'une semaine et ne semble pas encore rassasié.

La présence ou l'absence de dents n'a pas de rapport avec le fait que votre bébé est prêt ou apte à consommer des aliments solides. Le fait qu'il s'empare des aliments dans votre assiette ne veut pas non plus nécessairement dire qu'il est prêt à manger des solides. À quatre ou cinq mois, il saisira tout ce qu'il voit et plus particulièrement ce qui semble intéresser sa mère.

Parce que son goût sucré est très similaire à celui du lait maternel, une banane mûre écrasée est un bon aliment à donner au bébé pour commencer. En guise de test, placez une petite quantité de banane sur le bout de la langue du bébé. S'il avale la banane, c'est qu'il est prêt et s'il la recrache, il faudra attendre encore un peu. Malheureusement, les premiers aliments pour bébé les plus populaires, les céréales de riz et les bananes, sont également constipants Être constipé est bien la dernière chose dont a besoin le bébé qui a des coliques. Si vous remarquez que les selles de votre bébé durcissent après avoir introduit des aliments solides, cessez avant que ses intestins ne soient bloqués. Les bébés souffrant de coliques qui sont allergiques au lait de vache risquent également davantage d'être allergiques à d'autres aliments, notamment les agrumes, les tomates et les petits fruits. Chez ces bébés, il vaudrait donc mieux introduire chaque nouvel aliment solide très progressivement.

L'introduction trop hâtive d'aliments solides peut être particulièrement préjudiciable au bébé aux besoins intenses. Lorsque les aliments solides sont utilisés comme substitut aux tétées plutôt que comme complément, la fréquence des tétées diminue. La production de lait de la mère diminue et le bébé peut trouver que la tétée est moins satisfaisante et moins réconfortante. Le bébé qui devient plus maussade après l'introduction précoce d'aliments solides peut manifester ainsi son insatisfaction à voir diminuer la production de lait de sa mère et ses occasions de téter. En plus de rendre le bébé plus irritable, l'introduction trop hâtive d'aliments solides risque de réduire la capacité de la mère à faire face aux difficultés. Les tétées fréquentes aident à maintenir le taux de prolactine à un niveau élevé chez la mère. Les bébés tètent moins fréquemment lorsqu'ils commencent à manger des portions substantielles d'aliments solides. Les deux membres du couple formé par l'allaitement y perdent lorsque les aliments solides sont introduits trop tôt.

La malbouffe et le bébé maussade

Aucun bébé, encore moins le bébé maussade, ne devrait consommer d'aliments à haute teneur en sucre ou contenant des saveurs et des colorants artificiels. Lorsqu'il grandit, le bébé aux besoins intenses devient souvent un enfant aux besoins intenses et ce type d'enfant semble particulièrement sensible aux changements de comportement causés par la malbouffe. En société, l'enfant est inévitablement confronté à ces aliments, mais si on ne lui en offre pas au cours des premières années, il sera plus conscient de leurs effets. Il comprendra probablement qu'il ne se sent pas bien et n'agit pas correctement après avoir consommé ce type de nourriture. Il s'agit là d'une espèce de dépendance négative. Le bébé qui a grandi en apprenant à se sentir bien après avoir mangé n'aimera pas la sensation que lui procure la malbouffe. Il est probable qu'il se détournera de ce type de nourriture.

Sevrer le bébé aux besoins intenses

« Comment ? Tu l'allaites encore ? » s'exclama la grand-mère, choquée de constater que sa fille allaitait encore son bébé aux besoins intenses, âgé de deux ans. Non seulement, ces bébés ont de très grands besoins, mais leurs besoins durent également plus longtemps.

La mère fatiguée peut se demander : « Pendant combien de temps alors ? » J'ai affiché dans mon cabinet un petit écriteau sur lequel on peut lire ceci : « Le sevrage précoce n'est pas recommandé pour le bébé. » J'aimerais ajouter : « Particulièrement dans le cas du bébé aux besoins intenses. » Le moment du sevrage a une importance capitale et la compréhension de la signification réelle du terme « sevrage » vous aidera à décider du moment et de la façon dont vous devriez sevrer votre enfant aux besoins intenses.

Dans les anciens écrits, sevrer voulait dire « mûrir ». Le mot qu'on utilisait lorsqu'un fruit était mûr et prêt à être cueilli était le même que celui utilisé pour le sevrage. Le sevrage était donc considéré comme une étape positive dans la vie de l'enfant et non pas associé à la fin d'une relation. Lorsqu'un enfant était sevré, tous les membres de la communauté se rassemblaient et fêtaient, non pas parce que la mère était enfin libérée de son enfant, mais parce que l'enfant était maintenant mûr et prêt à établir de nouveaux liens, notamment à entreprendre son instruction officielle avec son père et les anciens du village. L'enfant était sevré de la sécurité des bras de sa mère pour entrer au cœur de sa culture sans rupture. (Consultez à ce sujet La Genèse, 21:8, I Samuel 1:21-24.) L'image d'un enfant sevré est utilisée, dans le Psaume 131, pour décrire un état de paix et de sérénité :

Non, mais j'ai apaisé et j'ai calmé mon âme.
Comme un enfant sevré sur le sein de sa mère,
Comme l'enfant sevré, mon âme est en moi.

Envisagez le sevrage comme une période d'épanouissement, où l'enfant se sent assez prêt et assez bien pour vous regarder et vous dire : « Merci, maman et papa. Cette relation m'a comblé. Je suis maintenant prêt à utiliser d'autres moyens pour entrer en communication avec mes parents et d'autres personnes significatives. »

Pour un enfant, la vie est une suite de sevrages: sevrage de l'utérus, sevrage du sein, sevrage du lit des parents, sevrage de la maison à l'école et de l'école au travail. L'âge où l'enfant est prêt au sevrage varie énormément d'un enfant à l'autre, surtout chez les enfants aux besoins intenses. L'enfant sevré de l'une de ces étapes avant qu'il n'y soit prêt court des risques élevés de développer ce que j'appelle les maladies du sevrage prématuré : la colère, l'agressivité, des sautes d'humeur, ainsi qu'un sentiment de mal-être. Un sevrage survenu trop tôt est l'une des causes courantes d'un tempérament maussade à retardement. La mère dira : « Mon bébé avait si bon caractère jusqu'à l'âge de huit mois et maintenant il grogne comme un ours. » Les crises de colère sont particulièrement fréquentes après un sevrage brusque.

Lorsque je veux connaître le comment et le pourquoi d'un aspect quelconque du développement de l'enfant, j'observe ce qu'un enfant fait lorsque ses parents guident et orientent sa conduite sans l'entraver. En me fondant sur les comportements des bébés allaités aux besoins intenses que j'ai vus grandir et se développer, je dirais que le bébé à qui on accorde un accès illimité à sa mère est sevré vers la fin de sa deuxième année ou plus tard. Les tétées avant la sieste et le coucher sont généralement les dernières abandonnées. Parce que je suis fermement convaincu que les bébés agissent comme la nature l'a prévu, je conseille aux mères de bébés aux besoins intenses d'envisager l'allaitement comme une relation s'échelonnant sur des années et non sur des mois. Le sevrage devrait survenir lorsque les deux membres du couple formé par l'allaitement y consentent et sont capables de passer à l'étape suivante.

Rappelez-vous que le sevrage signifie que l'enfant passe d'une étape de son développement à une autre. Dans la continuité des soins parentaux, n'oubliez pas que le bébé aux besoins intenses devient un enfant aux besoins intenses. À mesure que l'enfant grandit, ses besoins ne diminuent pas, ils ne font que changer. Lorsqu'un enfant est sevré du sein maternel, le rôle des parents comme concepteurs créatifs de l'environnement de l'enfant devient plus important. L'enfant aux besoins intenses est porté à s'ennuyer, à moins d'être stimulé par un environnement intéressant qui oriente ses facultés mentales vers des activités significatives. Après le sevrage, attendez-vous à ce que votre enfant aux besoins intenses place la barre toujours plus haut pour vous en tant que parents.

Attendez-vous également à recevoir des critiques véhémentes concernant l'allaitement de votre bambin. Amis et parents bien intentionnés ne se gêneront pas pour vous dire que vous le rendez trop dépendant. Il s'agit ici d'un reliquat de l'époque où l'efficacité d'une mère était jugée à la rapidité à laquelle son bébé mangeait trois bons repas par jour, faisait ses nuits, se sevrait et était propre. Le but de tous ces efforts : l'autonomie précoce. À mon avis, tout cela n'a aucun sens. Un bébé, et surtout un bébé aux besoins intenses, doit traverser une période normale de dépendance avant d'être capable d'être autonome. Il doit être comblé sur le plan émotif avant d'apprendre à donner. Il doit apprendre à s'attacher avant d'apprendre à se détacher. Je tiens à adresser un mot d'encouragement aux mères de bébés qui semblent destinés à « se sevrer » tardivement : les enfants les plus confiants et les plus autonomes de ma clientèle sont ceux qui n'ont pas été sevrés avant d'y être prêts.

Si vous désirez en apprendre davantage sur l'allaitement des bambins ou si vous avez simplement envie de rencontrer d'autres mères qui « sont passées par là », communiquez avec une monitrice de la Ligue La Leche de votre région. Lors des réunions de votre groupe local de la Ligue La Leche, vous trouverez du soutien pour continuer d'allaiter votre bambin ainsi que des suggestions pour affronter les défis de materner un bambin aux besoins intenses.

Chapitre 8

Le rôle du père

« **J**e n'aurais jamais réussi sans l'aide de mon mari » me confiait une mère après une première année de vie avec son bébé aux besoins intenses. En parcourant les dossiers des bébés aux besoins intenses de ma clientèle qui s'en sont bien sortis, il ressort une caractéristique parentale qui se distingue nettement des autres : la participation et le soutien indéfectible du père.

Le présent chapitre aborde un grand nombre de sentiments communs que les pères de bébés maussades ont partagés avec moi. Il aidera également les pères à comprendre pourquoi la mère du bébé aux besoins intenses agit comme elle le fait et leur proposera des façons d'« investir » sagement afin de transformer le passif (l'irritabilité) en actif (la créativité).

Les sentiments du père

« Ma femme ne fait qu'allaiter. »
« Elle s'attache trop au bébé. »
« Il faut qu'on parte ensemble. Moi aussi, j'ai des besoins. »
« Elle préfère être avec notre bébé plutôt qu'avec moi. »
« Le bébé ne veut pas se calmer avec moi. Je me sens inutile. »
« Nous n'avons pas fait l'amour depuis des semaines. »

Ce sont de vrais sentiments exprimés par de vrais pères qui aiment sincèrement leur femme et leur enfant. Mais ils se sentent frustrés d'être incapables de réconforter leur bébé maussade et restent perplexes face au lien puissant qui unit leur femme à leur enfant.

Pour comprendre et accepter ces sentiments normaux, il est nécessaire de comprendre certains concepts fondamentaux, particulièrement le concept du niveau des besoins. Votre bébé naît avec un certain

**Les pères peuvent prendre la relève lorsque les bras
de la mère sont épuisés.**

niveau de besoins et si ces besoins sont comblés, il s'adaptera bien à
son environnement. Cette bonne adaptation a un effet positif sur son
tempérament : le bébé se sent bien dans sa peau et est une source de joie
pour ses parents. Si les besoins du bébé ne sont pas comblés, cela peut
avoir un effet négatif sur son tempérament, car il sent qu'il ne s'adapte
pas bien à son environnement. Il risque fort de ne pas se sentir bien dans
sa peau et causer beaucoup de soucis à ses parents. En d'autres termes, les
bébés sont faits pour prendre et quelqu'un doit leur donner. Qui le fera ?
Naturellement, la tâche de satisfaire les besoins de ces bébés aux besoins
intenses incombe principalement à la mère. Je dis « naturellement »,
pour deux raisons :

- Le bébé est plus habitué à sa mère. Après tout, ils ont grandi ensemble
  au cours des neuf derniers mois.

- L'organisme de la mère est programmé, au point de vue biologique et
  hormonal, pour être sensible aux besoins de son bébé, particulièrement
  au cours de ses deux ou trois premières années de vie.

Ceci ne veut pas dire que les pères ne savent pas s'occuper de leur
bébé, mais simplement que cela ne vient pas aussi naturellement à la
plupart des pères qu'à la plupart des mères. Nous, les pères, devons y
mettre plus d'efforts.

Le bébé sait comment tirer de sa mère l'énergie nécessaire pour satisfaire ses besoins et l'aider à s'adapter à son nouvel environnement. D'autre part, la mère est programmée pour être dévouée et attentive et fournir l'énergie demandée par le bébé. C'est la loi naturelle de l'offre et de la demande qui permet la survie des petits de l'espèce. Mais qui comble les besoins de la mère? C'est au père à fournir l'ingrédient manquant.

Pour que le système des soins parentaux fonctionne adéquatement, certaines conditions sont requises. Ces conditions préparent la mère à l'accomplissement de ses tâches et l'aident à acquérir de la maturité. Elles augmentent sa résistance, sa production de lait, son taux d'hormones maternelles et sa sensibilité générale aux besoins de son bébé. Non seulement peut-elle survivre, mais elle peut également s'épanouir en tant que mère d'un bébé aux besoins intenses. Voici quelques-unes de ces conditions :

- une expérience d'accouchement positive ;

- un contact mère-bébé continu au cours de la période post-partum ;

- un allaitement sans restriction ;

- un arrangement permettant à la mère et à son bébé de dormir l'un près de l'autre, c'est-à-dire de partager leur sommeil ;

- une réponse rapide aux pleurs du bébé ;

- ne pas sevrer l'enfant avant qu'il ne soit prêt.

Ces pratiques de maternage peuvent sembler idéalistes mais la plupart, sinon toutes, sont nécessaires si vous avez un bébé aux besoins intenses. Elles contribuent véritablement à développer la compétence maternelle.

Une nouvelle mère ne peut satisfaire tous les besoins de tout le monde en même temps. Lorsqu'elle a la chance d'avoir un bébé aux besoins intenses, elle doit réorienter son énergie. Le temps et l'attention affectueuse qu'elle partageait auparavant équitablement entre les personnes de son entourage sont désormais principalement consacrés au bébé. Les autres se sentent délaissés, y compris son conjoint. Durant cette courte période pendant laquelle le bébé est si entièrement dépendant de

Les pères doivent s'impliquer très tôt et trouver leur propre façon
de réconforter leur bébé maussade.

sa mère, cette réorientation de sa disponibilité, de ses émotions et de son
énergie est vraiment nécessaire.

La sexualité

Le père du bébé aux besoins intenses est également déconcerté quant
au manque apparent d'intérêt sexuel chez sa conjointe. Pour comprendre
cette baisse temporaire de l'intérêt sexuel, il faut d'abord comprendre les
changements hormonaux qui se produisent dans l'organisme de votre
femme après l'accouchement. Avant la naissance du bébé, les hormones
sexuelles de la femme exercent sur son comportement un effet plus
important que les hormones maternelles. Après l'accouchement, cette
situation est inversée : ce sont désormais les hormones maternelles qui
influent le plus sur son comportement. Si l'entourage est favorable et que
la mère y consent et le peut, les hormones maternelles prédomineront
sur les hormones sexuelles aussi longtemps que nécessaire pour satisfaire
les besoins du bébé. Ceci ne signifie pas que votre femme ne s'intéresse
plus à vous sur le plan sexuel, mais simplement que l'énergie qu'elle vous
consacrait auparavant est orientée temporairement vers votre bébé. Telle
est la façon dont l'organisme maternel a été conçu pour fonctionner,
particulièrement avec un bébé aux besoins intenses.

Tous, particulièrement le bébé, ont des exigences à l'égard de la
nouvelle mère. Au moment d'aller au lit, il est tout à fait normal pour

une mère d'avoir envie de dire : « Laisse-moi tranquille. Laisse-moi dormir. » Sursaturées de contact physique avec le bébé et peut-être avec un bambin qui a aussi ses exigences, les mères de bébés aux besoins intenses me disent souvent : « À la fin de la journée, je n'ai plus du tout envie qu'on me touche. »

Que peut faire le père

Aider dans la maison

Procurez à votre conjointe une aide domestique afin de la libérer de tâches qui drainent son énergie et l'éloignent du bébé. Participez vous-même aux tâches ménagères ou, si vous en avez les moyens, engagez quelqu'un pour nettoyer ou effectuer toute autre tâche nécessaire. Selon mon expérience, les mères de bébés aux besoins intenses ne s'épuisent pas tant à cause des soins au bébé, mais plutôt à cause de toutes les autres responsabilités qu'elles ont. Évitez d'exercer des pressions sur votre conjointe pour qu'elle soit une hôtesse, une animatrice de soirée et une ménagère parfaite. C'est peut-être aussi le moment d'accepter le fait que votre royaume ne sera probablement plus jamais aussi propre qu'avant. Libérer la mère de ses autres responsabilités est très important, surtout lorsque le bébé traverse une période particulièrement exigeante. Si votre bébé vit une de ces périodes où « tout ce qu'il veut, c'est téter », veillez à ce que sa mère n'ait rien d'autre à faire que de l'allaiter. Nous, les pères, ne pouvons allaiter nos bébés, mais nous pouvons créer un environnement qui aidera nos femmes à mieux allaiter.

Respectez la sensibilité maternelle aux pleurs du bébé

Évitez de conseiller à votre femme de « laisser pleurer le bébé ». Rappelez-vous que les mères ne réagissent pas comme les pères aux pleurs du bébé. Les pleurs du bébé déclenchent une réaction physiologique chez la mère, mais non chez le père. Le moment et la façon de répondre aux pleurs du bébé sont des domaines où la mère en connaît sûrement plus que le père.

Évitez d'exercer des pressions sur la nouvelle mère

J'ai passé de nombreuses heures à conseiller de jeunes mères ayant l'impression que leur conjoint les forçait à aller à l'encontre de leur

Lorsque le père y apporte son soutien, l'allaitement est plus facile.

instinct maternel. Ces maris culpabilisent leur femme parce que celle-ci n'est pas une épouse parfaite et une compagne attirante. La manifestation la plus courante de ce type de pression est le syndrome du « il faut qu'on parte tous les deux ». Voici une histoire véridique qui illustre bien cette situation :

Dan et Susan étaient les heureux parents d'une petite fille de trois mois aux besoins intenses, Jessica. Susan réussissait à bien répondre aux besoins de Jessica, tout en gardant un peu d'énergie pour elle-même et son mari. Jessica et Susan se portaient bien, mais Dan se sentait mis de côté. Dan eut une occasion de conclure une transaction importante à l'autre bout du pays et il décida qu'il était temps que lui et sa femme partent seuls ensemble. Il exerça des pressions sur Susan pour qu'elle laisse Jessica à la maison (et la sèvre aussi) afin qu'ils puissent s'envoler tous deux là-bas et raviver ainsi la flamme de leur amour. Dan pensait aussi que Susan serait un atout pour la conclusion de la transaction.

Lorsque je les ai rencontrés tous les deux, j'ai démontré à Dan qu'il plaçait Susan face à un dilemme. D'un côté, elle voulait partir avec lui, mais son instinct maternel lui disait que Jessica n'était pas prête à être laissée seule. Si Dan et Susan la laissaient, la famille tout entière y perdrait. Susan ne pourrait être la partenaire détendue et romantique que Dan désirait pour l'accompagner lors de ce voyage et Jessica leur ferait payer ce sevrage prématuré à leur retour.

La solution? Dan, Susan et Jessica sont partis ensemble pour New York. (Jessica a tété tout au long du voyage, d'un océan à l'autre.) Ils ont découvert avec surprise que l'homme d'affaires que devait rencontrer Dan avait, lui aussi, emmené sa femme et son bébé. La femme s'est exclamée : « Je suis si heureuse que vous ayez également emmené votre bébé avec vous ! Nous avons un de ces bébés qu'il est impossible de laisser. » Tout de suite, les deux pères se sont bien entendus, car tous deux avaient défié le même système et montré que leur bébé était ce qu'il y avait de plus important dans leur vie. La transaction a été conclue avec succès.

J'espère que cette description des sentiments maternels normaux aidera les pères à gérer leurs propres sentiments. Vous n'avez pas perdu votre place dans le cœur de votre femme ; l'énergie qu'elle vous consacrait auparavant doit désormais être consacrée à votre bébé. Il s'agit là d'une autre étape dans votre vie de couple, d'une période pour materner et pour remplir votre rôle de père. Si vous prenez soin de votre conjointe avec autant d'affection qu'elle s'occupe de votre bébé, elle vous répondra avec tant de chaleur et de bonheur que vous saurez alors que vous avez fait un bon placement.

Prendre soin de la nouvelle mère

Une nouvelle mère a besoin d'être maternée, elle aussi. Une union stable et satisfaisante est l'ingrédient le plus important pour s'occuper d'un bébé aux besoins intenses, plus important encore que d'allaiter le bébé, de dormir avec lui et de répondre à ses pleurs. Pour que le style d'art parental favorisant l'attachement soit efficace, il doit être exercé avec l'aide d'un père qui s'occupe aussi attentivement et affectueusement de sa femme qu'elle s'occupe de leur enfant. À ce stade, vous vous demandez peut-être : « Je comprends, mais que puis-je faire pour être utile ? » Le père d'un nouveau-né aux besoins intenses a fort bien exprimé ce sentiment lorsqu'il a dit : « Je ne peux pas toujours consoler notre bébé, mais je peux faire de mon mieux pour que ce soit plus facile pour ma femme de le consoler. »

Participez dès le début

Idéalement, la participation du père commence durant la grossesse. Assistez aux cours prénataux avec votre femme afin de pouvoir être présent et participer à l'accouchement. Après la naissance du bébé, mettez-vous au boulot. Changez les couches du bébé, donnez-lui son bain, lavez la vaisselle, préparez les repas, nettoyez la maison. Bref, faites tout ce qui est susceptible de libérer votre femme afin qu'elle puisse se consacrer à ce que personne d'autre qu'elle ne peut faire : être la mère de votre enfant. Certains pères peuvent avoir le sentiment que les tâches domestiques ne sont pas de leur ressort mais, à l'époque où l'on vit, les rôles dévolus à la mère et au père ne sont plus aussi clairement définis qu'auparavant. Autrefois, la nouvelle mère était habituellement entourée d'une famille élargie qui prenait à sa charge les tâches domestiques au cours des premières semaines suivant la naissance du bébé. De nos jours, nombreuses sont les jeunes familles qui n'ont pas le privilège de vivre à proximité des membres de leur famille. Dans la société d'aujourd'hui, c'est le rôle du père dans la famille qui a besoin d'être élargi.

Faites part de votre engagement

Réservez-vous régulièrement des tête-à-tête avec votre femme et affirmez-lui de nouveau votre engagement comme mari et comme père de votre enfant. Vous pouvez même discuter ensemble de ce chapitre lorsque vous aurez terminé de le lire. Dans notre famille, nous avons une tradition que j'appelle « le moment de faire le point ». De temps à autre je m'assois avec ma femme et je lui demande simplement comment ça va. Vous serez peut-être surpris de voir votre femme fondre en larmes et vous dire : « Je croyais que tu ne le demanderais jamais. Je suis si épuisée ! » Elle s'est peut-être donné du mal à présenter une image positive alors qu'elle se sentait dépassée et épuisée. Ne présumez pas que tout va bien simplement parce qu'elle ne se plaint pas. Demandez-lui.

En lui témoignant périodiquement que vous vous souciez toujours autant d'elle, elle sera rassurée quant à votre engagement dans toute cette relation. Dites-lui que vous comprenez vraiment ce qu'est un bébé aux besoins intenses et que vous partagez entièrement ce qu'elle vit.

Soyez attentif

Une mère qui vivait beaucoup de stress à cause des exigences de son bébé aux besoins intenses m'a dit un jour : « Il faudrait que je frappe mon mari sur la tête pour qu'il comprenne que je suis à bout. » Sachez que les mères ont la réputation de donner sans réserve, mais elles ne connaissent pas toujours leurs limites. Elles continueront de fonctionner

Mary et Tom sont arrivés à mon bureau un jour, l'air anxieux. Le divorce semblait imminent. Mary m'a raconté qu'elle avait eu la chance d'avoir un bébé aux besoins intenses. Elle avait fait de son mieux pour être une « bonne » mère. Elle emmenait son bébé partout, l'allaitait sur demande, dormait avec lui, le prenait chaque fois qu'il pleurait et était constamment au service de bébé John. Comme Tom ne savait pas grand-chose sur les soins à donner au bébé et que les bébés qui pleurent l'affolaient, Mary lui confiait rarement le bébé. Ceci ne faisait que renforcer le sentiment d'incompétence de Tom et il tentait de compenser en travaillant de plus longues heures au bureau. Mary s'investissait de plus en plus dans son rôle de mère et Tom faisait de même au travail. Tous deux s'éloignaient de plus en plus l'un de l'autre et bébé John continuait à se montrer irritable. Mary augmentait son maternage, tandis que Tom commençait à former lui-même certains « liens d'attachement » à l'extérieur. Mary était consciente qu'elle et Tom ne communiquaient plus, mais elle justifiait cette situation en se disant : « Mon bébé a besoin de moi. Tom est assez grand pour prendre soin de lui-même. » Ce couple a heureusement eu la sagesse de se rendre compte qu'ils se dirigeaient dans la mauvaise voie. Ils ont cherché de l'aide et le tout s'est bien terminé.

Commentaires du Dr Sears : *J'ai rapporté cette histoire véridique afin d'aider les couples à comprendre que, pour être saine, la dynamique familiale doit être équilibrée. C'est la sensibilité aux besoins de l'autre qui permet aux deux parents de s'épanouir et de garder leur union intacte. Cet élément est d'une importance vitale lorsqu'il s'agit d'élever un enfant aux besoins intenses. Je suis fermement convaincu qu'une union solide est nécessaire pour prendre soin d'un bébé aux besoins intenses. Malheureusement, lorsque la mère et le père ne travaillent pas ensemble à s'occuper de leur enfant aux besoins intenses, leur union subit beaucoup de stress et de tensions.*

à vide pendant de longues périodes sans demander d'aide. Soyez attentifs aux premiers signes d'épuisement maternel et hâtez-vous d'intervenir.

Conseils aux pères pour consoler le bébé

Il est très frustrant pour les pères de constater que leur bébé ne répond pas à leurs efforts pour le consoler. Il est vrai que les bébés préfèrent leur mère, mais il y a des choses que les pères peuvent parfois faire mieux que les mères. Consultez le chapitre 6 pour en savoir plus long sur les diverses méthodes de réconfort, notamment la chaude toison, la balade sur l'autoroute et les danses anti-colique. Voici quelques autres conseils destinés tout particulièrement aux pères qui veulent consoler leur bébé maussade :

Fredonnez des chansons

Bien qu'il soit vrai que la plupart des bébés sont davantage attirés par le timbre aigu de la voix de la mère, certains bébés se calment plus facilement au son grave de la voix mâle. Fredonnez à votre bébé des chansons répétitives et plutôt monotones.

Prenez la relève durant les périodes difficiles

Les bébés ne programment pas leurs périodes maussades à des moments opportuns. La plupart du temps, ils semblent manifester ce type de comportement en fin d'après-midi ou en début de soirée, c'est-à-dire à un moment qui, malheureusement, coïncide avec le retour du père au foyer. Le bébé maussade connaît des hauts et des bas tout au long de la journée. Toutefois, le père voit surtout le mauvais côté du tempérament de son bébé, ce qui n'aide en rien à la relation père-enfant. Plus souvent qu'autrement, ces manifestations susciteront plutôt le commentaire suivant : « Est-il toujours comme ça ? »

Vous saurez vraiment vous faire apprécier de votre femme fatiguée si vous intervenez pendant la période maussade de la journée. Voici un scénario typique : un père fatigué arrive à la maison et est accueilli par une mère fatiguée et un bébé de mauvaise humeur. Au lieu de s'asseoir pour se détendre et oublier les tensions de la journée, le père fatigué prend le bébé maussade et l'emmène faire une balade en voiture, une longue promenade ou peut-être juste une petite danse dans la maison, laissant ainsi à la mère fatiguée le message suivant : « Pense à toi. » Essayez. Vous surprendrez peut-être tellement votre femme qu'elle vous réservera peut-être à son tour une surprise ou deux à votre retour.

La mère peut contrer une partie de ces manifestations maussades de fin de journée en faisant faire une sieste au bébé plus tard dans l'après-midi. Le bébé s'éveille alors peu avant l'arrivée de son père et celui-ci, au moins, n'est pas accueilli par un bébé fatigué. En général, c'est beaucoup plus facile pour toute la famille que de garder le bébé éveillé dans l'espoir qu'il s'endormira tôt dans la soirée et que les adultes pourront enfin avoir un peu de paix et de tranquillité ensemble.

Quels sont les avantages pour vous ?

Si vous remplissez votre rôle de père auprès de votre bébé aux besoins intenses et que vous prenez soin de votre femme avec affection, vous en récolterez les bienfaits. Tout d'abord, vous connaîtrez mieux votre enfant. En passant davantage de temps avec lui, particulièrement durant les périodes maussades, vous découvrirez non seulement le côté difficile du tempérament de votre enfant, mais également ses points forts et ils sont nombreux.

Vous vous sentirez également plus compétent comme père. De nombreux pères sont injustement décrits comme des mâles empotés, incapables de changer une couche. C'est tout simplement faux. L'intuition paternelle existe vraiment, mais nous, les hommes, devons y mettre plus d'efforts. Elle prend plus de temps à se développer que l'intuition maternelle.

De plus, votre union se trouvera enrichie par une participation accrue aux soins de votre bébé aux besoins intenses. Un des meilleurs moyens d'augmenter le respect que votre femme éprouve à votre égard consiste à prendre soin de son enfant. Votre enfant aux besoins intenses mettra en valeur le meilleur de vous-même.

Chapitre 9

L'enfant aux besoins intenses : le rôle des parents pendant la nuit

« **P**ourquoi le bébé aux besoins intenses a-t-il besoin de tout en plus grande quantité, sauf de sommeil ? » demandait une mère fatiguée. Un des aspects « pour le meilleur et pour le pire » du rôle des parents pendant la nuit vient du fait que le bébé a généralement le même tempérament le jour que la nuit.

Certaines études ont démontré que les bébés soi-disant faciles s'endorment plus facilement et demeurent endormis plus longtemps que les bébés difficiles (Sears, 2006 ; Weissbluth & Liel, 1983). Dans certaines études, les bébés au tempérament plus sensible dormaient en moyenne deux heures de moins par nuit et une heure de moins durant le jour. Il s'agit là d'un paradoxe pour des parents fatigués. On serait porté à croire que le bébé aux besoins intenses a besoin d'une plus grande quantité de sommeil ; en tout cas, ses parents, eux, en ont besoin. Un père a bien décrit la situation en disant : « En matière de sommeil, je suis un parent aux besoins intenses. »

Le bébé aux besoins intenses dort différemment

La nuit, le bébé aux besoins intenses a les mêmes traits de tempérament que lorsqu'il est éveillé. Les parents décriront souvent leur bébé spécial comme étant « épuisant mais brillant ». C'est cette intelligence qui maintient éveillé le bébé aux besoins intenses. Il semble constamment en éveil et conscient de son environnement. C'est comme s'il était muni d'une lampe intérieure difficile à éteindre.

La barrière contre les stimuli

Les bébés sont dotés d'une barrière contre les stimuli qui leur permet de bloquer les stimuli désagréables. Pour bloquer les stimuli environnementaux, la plupart des bébés ont recours au sommeil, entre autres. La barrière contre les stimuli du bébé aux besoins intenses est immature. Son seuil sensoriel est plus bas. En d'autres termes, vous n'avez pas à l'ennuyer bien longtemps pour obtenir une réaction. La faim, l'inconfort, le froid et la solitude tendent à réveiller facilement un bébé aux besoins intenses, alors que le bébé doté d'un seuil sensoriel plus élevé continuera de dormir en dépit des mêmes dérangements. Une partie de la sensibilité plus grande du bébé aux besoins intenses est due au fait qu'il est constamment conscient de son environnement. Il est toujours en alerte et émerveillé par le monde qui l'entoure. Son système de radar ne se ferme pas aisément.

La maturité du sommeil

Une autre raison pour laquelle le bébé aux besoins intenses dort moins est que son sommeil met plus de temps à atteindre sa maturité. Le sommeil se divise en deux phases : le sommeil léger et le sommeil profond. Il est bien plus facile de réveiller une personne quand elle dort d'un sommeil léger que lorsqu'elle est dans un sommeil profond. Il y a une plus grande proportion de sommeil léger chez le bébé que chez l'adulte. Cette différence a des avantages, tant pour la survie que pour le développement. De plus, le passage d'une phase à l'autre est marqué par une période de transition durant laquelle le bébé est plus susceptible de se réveiller. À mesure que le bébé grandit, la proportion de sommeil léger diminue, celle du sommeil profond augmente et les transitions sont plus faciles. Le bébé commence alors à dormir mieux.

Le sommeil du bébé aux besoins intenses prend plus de temps à atteindre sa maturité. Ce type de bébé semble avoir des périodes de sommeil léger plus longues et plus fréquentes. Par conséquent, il est agité et se tortille durant une bonne partie de la nuit. (J'ai l'impression que ces bébés jouissent également d'un type de sommeil profond plus intense. Ils semblent vraiment « assommés » lorsqu'ils sont en phase de sommeil profond.) Les périodes de sommeil léger alternant avec les périodes de sommeil profond tout au long de la nuit, le bébé aux besoins intenses sera davantage porté à se réveiller durant les périodes de transition.

Le manque de sommeil : guide de survie

La tétée pour se détendre

Il est tout à fait irréaliste, pour les parents d'un bébé aux besoins intenses, de s'attendre à ce que celui-ci dorme d'un sommeil de plomb sitôt après l'avoir déposé dans son lit. Il est rare que les choses se passent ainsi. Ces bébés ont besoin d'être accompagnés pour s'endormir au lieu d'être simplement déposés dans leur lit. Ils ont besoin d'aide pour se détendre.

Ça vaut la peine d'essayer de trouver une position confortable pour allaiter au lit.

Dans notre famille, nous avons utilisé une méthode qui s'est révélée efficace et que nous avons surnommée « la tétée pour se détendre ». Bercez votre bébé, promenez-le dans vos bras et allaitez-le avant d'aller le coucher. Ces activités ont pour but de l'aider à se détendre, à oublier les distractions autour de lui et à se laisser glisser dans la première phase de sommeil léger. Vous continuez alors de l'allaiter et de le bercer dans vos bras jusqu'à ce qu'il semble avoir traversé la première période de sommeil léger (qui dure environ vingt minutes). Il amorcera alors une phase de sommeil profond et semblera se fondre dans vos bras. Vous pouvez maintenant le déposer.

Si vous tentez de déposer le bébé trop vite dans son lit, c'est-à-dire avant qu'il ne soit en phase de sommeil profond, il risque fort de se réveiller et d'exiger que vous répétiez tout le rituel. En fait, il est probable que cette deuxième tentative pour l'endormir soit plus longue. Ces bébés sont si sensibles qu'un changement de position ou un changement de gravité, dû au transfert de vos bras à leur lit, suffit à les sortir du sommeil léger. Les mères expérimentées disent souvent : « Il faut que le bébé soit profondément endormi avant que je puisse le déposer. »

Les pères peuvent faire le même rituel pour détendre le bébé et, plutôt que de l'allaiter, ils peuvent le mettre dans un porte-bébé. Lorsque le bébé s'est endormi profondément au rythme de la marche et des balancements de son père, il peut facilement être transféré dans son lit en déposant le porte-bébé sur le matelas et en le glissant par-dessus la tête.

Un nid pour allaiter

Certains bébés sont si sensibles que le fait de les bercer et de les allaiter ne suffit pas. Ils s'apaisent mieux si, après s'être détendus, la mère et le bébé se blottissent simplement l'un contre l'autre et s'endorment ensemble pendant la tétée. Ces petits bébés si brillants ne semblent pas vouloir changer de niveau de conscience (de l'état de veille au sommeil) tout seuls et ont besoin de s'endormir en compagnie de quelqu'un d'autre.

Les avantages du sommeil partagé

Où devrait dormir le bébé? Je dis habituellement aux parents que l'endroit qui convient le mieux à la famille est celui où tous les trois, le père, la mère et le bébé, dorment le mieux. Selon l'expérience que j'ai acquise, la plupart des bébés aux besoins intenses dorment mieux lorsqu'ils sont avec leurs parents. (En fait, pour la plupart des bébés aux besoins intenses, un berceau ne veut rien dire.) La plupart des parents dorment également mieux ainsi. Il est dans la nature de ces bébés sensibles de chercher l'harmonie dans leur environnement, tant le jour que la nuit. Le lit où dormiront les parents et leur enfant est souvent appelé le « lit familial ». Pour ma part, je préfère qualifier ce magnifique arrangement de « sommeil partagé ». En effet, le bébé fait plus que simplement partager un espace physique avec ses parents : il partage également ses cycles de sommeil.

Partager les cycles de sommeil

Le sommeil partagé permet à la mère et au bébé d'harmoniser leurs cycles de sommeil. La mère et son bébé sont près l'un de l'autre lorsque ce dernier commence à remuer quand il traverse une période où il risque de se réveiller. La mère peut allaiter le bébé pendant cette période sensible de sommeil léger et l'aider à retomber en phase de sommeil profond, tout en évitant qu'il ne se réveille complètement. La mère qui fait cet arrangement suffisamment tôt dans la vie du bébé (dès la naissance) constate que ses propres phases de sommeil léger coïncident avec celles de son bébé. Les phases de sommeil profond de la mère ne sont pas interrompues et elle se sent plus reposée.

Un allaitement plus facile

Le bébé qui dort avec sa mère n'aura pas à se réveiller en pleurant pour signaler qu'il est l'heure de téter. Si le bébé s'éveille seul et affamé, il doit pleurer pour faire venir sa mère. Si elle n'est pas à proximité, il doit pleurer encore plus fort. Au moment où elle arrive enfin à son chevet, elle et lui sont complètement réveillés et mettront tous deux plus de temps à se rendormir après la tétée. Dans ce cas, le bébé apprend à pleurer plus fort, ce qui va à l'encontre de vos efforts pour adoucir le tempérament de votre bébé aux besoins intenses et pour lui enseigner à pleurer mieux au lieu de plus fort.

Les mères qui dorment avec leur bébé peuvent avoir un taux de prolactine plus élevé à cause des tétées plus fréquentes. Cet apport hormonal les aide à survivre et à s'épanouir avec leur bébé aux besoins intenses. De plus, les bébés qui dorment avec leur mère risquent moins d'être sevrés avant d'être prêts.

Au fil des ans, j'ai plaidé en faveur du sommeil partagé dans mes livres et auprès de ma clientèle et je l'ai mis en pratique dans notre propre famille. C'est merveilleux et efficace ! En général, j'ai remarqué que les bébés qui partagent leur sommeil avec leurs parents dégagent un sentiment de sécurité et de bien-être, une sérénité propre à l'enfant qui est en harmonie avec son univers, jour et nuit.

S'occuper d'un bébé qui tète toute la nuit

Même en partageant le sommeil, les nuits peuvent être exigeantes pour les parents, particulièrement les parents qui se font réveiller fréquemment pendant des mois par un bébé aux besoins intenses. Ces parents en viennent à se demander : « Ce bébé apprendra-t-il à dormir un jour ? » Voici quelques conseils pour vous aider à minimiser les réveils la nuit et à maximiser votre capacité à y faire face :

Faites faire le plein au bébé durant le jour

À mesure que les bébés deviennent plus actifs et intéressés au monde qui les entoure le jour, ils peuvent se montrer réticents à s'arrêter pour prendre le temps de téter. Ils compenseront les tétées manquées en demandant le sein plus souvent la nuit, alors qu'il n'y a aucune distraction. Si vous faites en sorte de prendre votre bébé et de l'allaiter souvent durant le jour, il dormira peut-être mieux la nuit.

Les bébés qui sont loin de leur mère le jour, parce que celle-ci travaille à l'extérieur, adoptent souvent un cycle inversé d'allaitement, c'est-à-dire qu'ils se nourrissent surtout la nuit quand leur mère est là et prennent moins de lait au biberon le jour en son absence. Les mères qui travaillent devront peut-être s'adapter à une telle situation. Le bébé compense pour tout le temps qu'il n'a pas eu avec sa mère durant le jour. Le sommeil partagé facilitera ces tétées nocturnes. En fait, les mères peuvent apprendre à se rendormir pendant que le bébé tète.

Plus de contact physique

Porter le bébé dans un porte-bébé pendant plusieurs heures durant le jour et la soirée peut minimiser les réveils la nuit. Lorsque les bébés commencent à ramper et à être plus autonomes, ils ont tendance à passer moins de temps à toucher leur mère durant le jour. Parce qu'ils sont encore des bébés et très dépendants, ils compensent ce manque de contact physique le jour en se réveillant plus souvent pour être allaités la nuit.

Allaiter le bébé juste avant d'aller au lit

Si vous avez réussi à endormir votre bébé aux besoins intenses avant d'être vous-même prête à vous coucher, pensez à le réveiller pour lui offrir le sein avant d'aller au lit, surtout si la dernière tétée remonte à quelques heures. Si la dernière tétée a eu lieu à 21 h et que vous vous couchez à 23 h, il est possible qu'il se réveille affamé à minuit. Si vous le réveillez à 23 h pour l'allaiter, vous pourrez peut-être dormir trois ou quatre heures d'affilée avant qu'il ne vous réveille à nouveau.

Le bambin qui tète toute la nuit

Même les mères qui tolèrent les réveils nocturnes fréquents durant la première année sont parfois plus réticentes à allaiter un bambin d'un ou deux ans toute la nuit. Les bébés et les bambins aux besoins intenses sont réputés pour profiter toute la nuit des repas à volonté de leur mère, même si cette dernière préférerait prendre congé jusqu'au lendemain. Si vous commencez à éprouver du ressentiment envers votre petit aux besoins

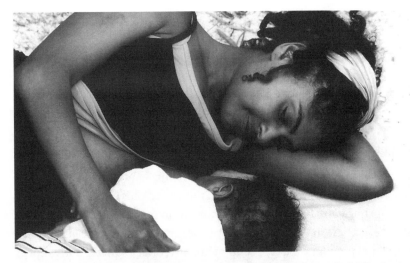

Il peut s'avérer nécessaire pour la mère d'un bambin qui demande à téter toute la nuit d'établir des limites.

intenses qui tète toute la nuit ou si vous n'arrivez plus à fonctionner avec si peu de sommeil, il est temps de changer certaines choses.

Il n'est pas facile de convaincre un enfant habitué à téter toute la nuit qu'il n'a pas besoin d'être accroché au sein de sa mère pour s'endormir ou pour rester endormi. Cependant, de la même façon que vous imposez certaines limites à votre bambin durant le jour, vous pouvez lui en imposer également la nuit. Sans doute n'appréciera-t-il pas ces limites au début, mais il peut apprendre à les accepter. Soyez ferme, calme et optimiste. Durant la deuxième et troisième année de vie, les bambins allaités découvrent que leur mère a des besoins et des sentiments elle aussi.

« **Bon dodo les seins** ». Lorsque votre bébé commence à comprendre des phrases et des concepts simples, vous pouvez lui expliquer que « les seins de maman font dodo » ou que « on ne tète pas avant qu'il fasse clair ». Il est vrai qu'un bambin aux besoins intenses obstiné est moins susceptible d'être d'accord que l'enfant moyen, mais un rappel amical des règles peut arriver à le dissuader de téter lorsqu'il se réveille. Frottez-lui le dos ou offrez-lui de l'eau pour le rendormir plus facilement avant qu'il n'ait la possibilité de protester.

Une autre source de réconfort. Une autre stratégie pour permettre à la mère de profiter d'un sommeil ininterrompu est de demander au père de se lever avec le bambin éveillé et de trouver des façons différentes pour le réconforter pendant la nuit. De façon générale, les bébés plus âgés et les bambins tètent la nuit pour se réconforter et non pas parce qu'ils ont faim. Ils sont peut-être prêts à accepter d'autres formes de réconfort lorsque la mère a besoin de dormir. Il est possible que votre bambin n'apprécie pas, mais soyez patient, les pères persuasifs peuvent y arriver.

Essayez un autre arrangement pour dormir. Un bambin aura moins tendance à se réveiller pour téter si sa mère n'est plus à ses côtés. Essayez d'endormir votre bambin en l'allaitant sur un matelas ou un futon placé sur le plancher, près de votre lit. Retournez ensuite dans votre lit. Certains dormeurs plus agités se reposent mieux s'ils sont éloignés d'autres corps qui bougent et qui respirent.

Surveillez les signes de stress. Lorsque vous tentez de limiter les tétées de nuit de votre petit, prévoyez consacrer plus de temps à votre enfant dans le jour. S'il devient plus dépendant durant le jour ou s'il régresse à d'autres niveaux, il essaie peut-être de vous faire savoir que les changements nocturnes sont trop difficiles à gérer pour lui. N'insistez pas si l'expérience est mauvaise. Arrêtez et attendez quelques semaines avant d'essayer autre chose.

Les avantages des rituels à l'heure du coucher

Prodiguer des soins parentaux à un enfant à l'heure du coucher au lieu de simplement le mettre au lit exerce un effet apaisant sur son comportement de la journée. L'état de relaxation qui précède immédiatement le sommeil s'appelle l'état alpha. On croit que les pensées qui surviennent au cours de l'état alpha sont celles dont l'individu est le plus susceptible de se rappeler le lendemain matin au réveil. L'enfant qui s'endort au sein de sa mère ou dans les bras de son père se sent bien et a plus de chances de se réveiller de bonne humeur et de commencer la journée du bon pied.

À l'opposé, l'enfant qui est déposé dans son lit et laissé seul à pleurer s'endort en colère et, par conséquent, risque de se réveiller de mauvaise humeur. Il est certainement prédestiné à se lever du mauvais pied. Un peu d'énergie supplémentaire investie avec votre enfant à la fin de la journée vous évitera peut-être d'en gaspiller beaucoup le lendemain.

De plus, l'heure du coucher est le meilleur moment pour semer, dans l'esprit de l'enfant, des pensées pour adoucir son tempérament. Un père imaginatif qui avait un enfant aux besoins intenses âgé de deux ans tentait désespérément de trouver le moyen de calmer son fils hyperactif. Il avait préparé un enregistrement de sons apaisants : le murmure d'un ruisseau, le bruissement des vagues sur la plage, de la flûte et de la harpe en musique de fond et la voix rassurante du père racontant une histoire de gentils animaux de la forêt qui se rendaient service à longueur de journée. Son enfant s'endormait calmement et se réveillait dans le même état.

Les parents peuvent également profiter du rituel de l'heure du coucher pour transmettre des valeurs à leur enfant. La meilleure façon d'atteindre ce but consiste à raconter au bambin des contes simples comportant une morale. Les plus grands enfants aiment parfois simplement s'étendre dans leur lit et parler avec un de leurs parents. Ils racontent alors bien des choses qui, autrement, auraient peut-être été ignorées.

RÉFÉRENCES

SEARS, William. *Être parent la nuit aussi : comment aider votre enfant à dormir*, Québec, Ligue La Leche, 2006.

Weissbluth, M. and Liel, K. 1983. Sleep patterns, attention span and infant temperament, *J Dev Behav Pediatr* 4:34.

Chapitre 10

Comment éviter l'épuisement

« Je n'en peux plus. Je ne jouis pas de ma maternité. Je suis dépassée, mais je dois continuer. » Des mères aimantes mais au bord de l'épuisement ont exprimé ces sentiments.

Qu'est-ce que l'épuisement? Chaque profession exige une certaine quantité d'énergie de la part de ses membres. Lorsque les exigences d'une profession dépassent l'énergie disponible chez un individu, celui-ci commence à s'épuiser et ne peut plus exercer adéquatement sa profession. L'épuisement professionnel chez la mère signifie que, pour diverses raisons, les demandes d'énergie dépassent la quantité disponible. Votre capacité à faire face aux exigences de votre profession s'amenuise de plus en plus et le peu d'énergie qui vous reste se résume à presque rien. Bref, vous ne vivez plus, vous ne faites que survivre. Les soins parentaux qu'exige l'enfant aux besoins intenses et le manque de sommeil qui s'ensuit sont des causes fréquentes de l'épuisement maternel.

Le but premier du style d'art parental favorisant l'attachement est de vous faire profiter du bonheur d'être avec votre enfant. L'épuisement vous empêche d'atteindre ce but. En comprenant les causes de l'épuisement maternel, vous pourrez en identifier les signes avant-coureurs et prendre des mesures préventives pour l'éviter.

Les causes de l'épuisement

La raison principale pour laquelle l'épuisement maternel est si répandu est sans doute imputable au fameux mythe de la « supermaman ». On attend des mères d'aujourd'hui qu'elles fassent beaucoup avec bien peu de soutien. Au cours des quelques mois critiques suivant la naissance, nombreuses sont les mères qui ne peuvent se permettre le luxe d'être simplement une mère. En fait, notre société transmet le message subtil que « s'occuper seulement de son enfant » est quelque peu dévalorisant pour la femme moderne, à qui s'offrent tant de possibilités. Tôt après la naissance, on s'attend à ce que la mère reprenne tous les rôles qu'elle assumait auparavant : épouse affectueuse et dévouée, cordon bleu, parfaite ménagère, hôtesse accueillante et travailleuse qui contribue au revenu familial. Quant au bébé, il est censé s'intégrer sans problème à ce style de vie. La vie « à haute vitesse » et la maternité sont souvent incompatibles, même avec tous les gadgets modernes pour économiser du temps.

Un aspect encore plus difficile pour la nouvelle mère est qu'elle entre souvent dans la maternité sans aucun modèle à suivre et sans pouvoir compter sur une famille élargie pour des conseils ou de l'aide immédiats. La mère d'aujourd'hui est laissée à elle-même. Tous ces appareils ménagers si commodes sont de bien piètre compagnie et ils ne peuvent rien enseigner à une nouvelle mère sur les bébés ou sur l'art d'être parent. Bien des femmes s'engagent dans la profession de mère sans préparation adéquate, avec des attentes irréalistes et dépourvues de la capacité de faire face à ses exigences.

Le bébé n'est pas responsable

Au mythe de la « supermaman » s'ajoute l'hypothèse voulant que le bébé soit toujours responsable de l'épuisement de sa mère. L'expérience m'a appris que ce n'est pas habituellement le cas. Quoiqu'il soit vrai que le bébé aux besoins intenses contribue à exténuer ses parents, j'ai rarement vu un cas d'épuisement maternel qui puisse être imputé exclusivement au bébé. Un examen un tant soit peu attentif de chaque situation permet généralement d'identifier un autre facteur qui draine l'énergie de la mère, la détournant de ce qu'elle devrait (ou voudrait) faire, pour l'obliger à faire ce qu'on attend d'elle ou ce qu'elle croit qu'on attend d'elle.

La mère et son bébé sont faits pour fonctionner comme un tout. L'énergie dont la mère a besoin pour répondre aux demandes du bébé sera disponible aux deux conditions suivantes :

- la mère a la possibilité et est encouragée à fonctionner dans un environnement qui permet à ses capacités maternelles intuitives de se développer ;

- aucune autre demande n'accapare son énergie.

L'épuisement est plus susceptible de survenir chez les mères fortement motivées. Il faut en effet être allumée avant de s'éteindre. L'épuisement frappe plus souvent les femmes qui s'efforcent d'être des mères parfaites et veulent donner ce qu'il y a de mieux à leur bébé. Je tiens à préciser ce fait afin de dissiper la crainte exprimée par certaines mères : « Je ne dois pas être une bonne mère puisque je me sens épuisée. » Je m'intéresse réellement au phénomène de l'épuisement maternel, car je me rends compte que de nombreuses mères, attirées par le style d'art parental favorisant l'attachement et voulant ardemment donner ce qu'il y a de mieux à leur bébé, risquent l'épuisement. Le style d'art parental favorisant l'attachement n'est pas une cause de l'épuisement, mais le pratiquer dans un environnement non favorable augmente le risque.

Le test du stress maternel

De nombreux facteurs prédisposent les parents à l'épuisement. En voici quelques-uns :

- des antécédents de difficulté à faire face au stress et une tendance à la dépression en réaction à des changements majeurs ;

- des sentiments ambivalents durant la grossesse, surtout en ce qui a trait à la façon dont l'enfant va s'immiscer dans le style de vie des parents ;

- une profession reconnue avant de devenir mère ;

- une préparation prénatale médiocre et des attentes irréalistes à propos du bébé ;

- un manque de modèles à suivre dans le domaine de l'art parental favorisant l'attachement ; l'impossibilité pour la mère de trouver un bon modèle chez sa propre mère ;

- un travail et un accouchement stressants qui ne se sont pas déroulés selon les attentes de la mère ;

- des problèmes médicaux à l'accouchement qui ont séparé la mère et le bébé ;

- un bébé aux besoins intenses ;

- une incompatibilité entre le tempérament de la mère et celui de son bébé (par exemple, un bébé maussade et une mère dotée d'un faible seuil de tolérance) ;

- une mésentente conjugale et l'espoir que la venue d'un enfant réglera les problèmes ;

- un père qui ne remplit pas son rôle ;

- une mère fortement motivée et compulsive ;

- une mère engagée dans un trop grand nombre d'activités extérieures ;

- un déménagement ou des travaux de rénovation ou de décoration de grande envergure ;

- la maladie chez la mère, le père ou le bébé ;

- des problèmes financiers ;

- un flot de conseils contradictoires concernant les soins au bébé ;

- des bébés rapprochés, c'est-à-dire dont la différence d'âge est de moins de deux ans ;

- la mésentente familiale, par exemple des problèmes avec les enfants plus grands.

L'épuisement maternel est rarement dû à un seul de ces facteurs. Il est plutôt le résultat d'un ensemble de circonstances ayant un effet cumulatif. L'épuisement est habituellement un problème qui englobe l'ensemble de la famille. Il est rare qu'il n'affecte que la mère.

L'identification des signes avant-coureurs

On dit, en médecine, que plus la maladie est diagnostiquée tôt, plus le remède sera léger et le traitement efficace. Dans ma pratique, j'appose une étoile rouge sur le dossier d'un bébé dont la mère présente des antécédents englobant plusieurs des facteurs de risque cités précédemment. C'est pour me rappeler que cette mère risque de s'épuiser et qu'il faudra peut-être recourir à des mesures préventives.

Le premier signe d'un épuisement imminent est le sentiment que vous n'éprouvez aucun plaisir à vous occuper de votre enfant. C'est la preuve que votre enfant et vous n'êtes pas en harmonie. L'harmonie entre le parent et l'enfant est absolument essentiel pour récolter le véritable bénéfice du style d'art parental favorisant l'attachement, soit de profiter du bonheur d'être avec son enfant.

Un autre drapeau rouge, c'est le sentiment de ne pas être une bonne mère. Il est normal, lorsqu'on est mère, de manquer occasionnellement de confiance en soi. Ce sentiment vient naturellement de l'amour sincère que vous éprouvez pour votre enfant. Plus une personne est importante à vos yeux, plus vous risquez de ne pas vous sentir à la hauteur dans votre relation avec elle. Mais lorsque ce sentiment d'incompétence persiste et augmente, vous devriez chercher de l'aide avant de perdre entièrement confiance en vous et que d'autres formes d'accomplissement personnel ne vous incitent à vous éloigner de votre enfant.

Comment réduire les risques

Si plusieurs des facteurs cités précédemment s'appliquent à votre cas ou si vous ressentez déjà les signes avant-coureurs de l'épuisement, vous pouvez prendre certaines précautions afin d'éviter que vos sentiments ne vous conduisent à l'épuisement total. Vous pouvez diminuer les risques d'épuisement.

Préparez-vous

Pendant votre grossesse, songez sérieusement à tous les aspects de votre mode de vie qui seront changés avec la venue du nouveau bébé, surtout si vous avez une carrière fascinante et brillante qui vous apporte beaucoup de reconnaissance. Ceci est particulièrement important si vous éprouvez des sentiments ambivalents en ce qui a trait à votre désir ou votre capacité de vous investir totalement dans les soins de votre bébé. Que vous planifiez retourner au travail après la naissance ou remettre temporairement votre carrière à plus tard, votre vie changera de façon imprévisible. Joignez-vous à un groupe d'entraide afin de développer des attentes réalistes par rapport aux bébés. Nombreuses sont les nouvelles mères qui ne se rendent pas compte à quel point un nouveau bébé demande du temps : un tout petit bébé peut bouleverser entièrement un style de vie prévisible et bien organisé. « Personne ne m'a dit que ce serait ainsi » est un commentaire fréquent de la part de femmes qui avaient des attentes irréalistes par rapport à la profession de mère.

La participation de votre conjoint dès le début, pendant votre grossesse, de même que pendant le travail, l'accouchement et la période post-partum est un aspect très important de votre préparation. Selon mon expérience, une des causes les plus répandues de l'épuisement maternel est le manque de participation du père.

Pratiquez le style d'art parental favorisant l'attachement

L'art parental favorisant l'attachement vous aide à être en harmonie avec votre bébé. Il augmente votre niveau d'acceptation, rend vos attentes plus réalistes et contribue de façon générale à accroître votre confiance en vous. Vous empêcher de répondre à votre bébé vous conduit à un désenchantement chronique de l'ensemble de votre rôle de mère. Le style d'art parental favorisant l'attachement augmente la résistance maternelle grâce à un taux plus élevé de prolactine, l'hormone de la persévérance.

Apprenez à reconnaître vos limites

Un soir, je donnais une conférence sur le « maternage d'immersion », selon lequel la mère se met vraiment à l'écoute de son enfant. Après la conférence, une grand-mère est venue me voir et m'a dit poliment : « Docteur Sears, vous rendez-vous compte que le mot « immersion » signifie que vous en avez par-dessus la tête? » La mère qui s'épuise peut, en effet, avoir l'impression d'en avoir par-dessus la tête.

Non seulement la mère devrait-elle avoir des attentes réalistes par rapport à son bébé, mais encore a-t-elle besoin d'envisager son propre seuil de tolérance avec réalisme. La capacité de faire face aux exigences d'un bébé aux besoins intenses varie énormément d'une mère à l'autre. Cette constatation n'est pas une critique, mais simplement une réalité. Certaines mères tolèrent le stress mieux que d'autres. Certaines sont crevées avec un seul bébé qui pleure tandis que d'autres demeurent parfaitement calmes même lorsque plusieurs bébés et enfants leur grimpent dessus. Il est important d'être honnête envers soi-même et d'accepter sa capacité à faire face à l'adversité telle qu'elle est. Ne vous laissez pas prendre dans des situations exigeant que vous dépassiez votre seuil de tolérance. Ainsi, si votre premier enfant est un bébé aux

Le principal bénéfice de l'art parental favorisant l'attachement est de profiter davantage du bonheur d'être avec son bébé.

besoins intenses et que votre seuil de tolérance à l'égard de ce type de tempérament est faible, il ne serait sans doute pas raisonnable d'ajouter plus de pression en ayant un autre bébé tout de suite. Ayez la sagesse de reconnaître que, dans votre situation particulière, l'espacement des naissances contribuera à réduire le risque d'épuisement.

Au cours de toutes ces années, en tant que pédiatre et père, j'ai souvent été étonné de constater à quel point les mères peuvent fort bien affronter (du moins en apparence) les nombreux stress liés à l'éducation des enfants et à la vie familiale. Mais j'ai également remarqué que bien des femmes ne connaissent pas et n'acceptent pas leurs propres limites. Ceci est particulièrement vrai chez les mères fortement motivées, dont le désir de se donner dépasse souvent complètement leur capacité à reconnaître qu'elles sont en train de s'épuiser. Ceci peut dépendre en partie des effets hormonaux de l'art parental favorisant l'attachement. Il y a des différences d'une mère à l'autre quant à la capacité d'entendre ses propres signaux de détresse et de les écouter. Il est également possible qu'elles ne sachent pas comment réagir à ces signaux une fois qu'elles les ont identifiés.

*Ce n'est
pas mon bébé qui
va diriger ma vie*

Lorsque j'étais enceinte, j'avais fixé certaines règles que j'avais l'intention de suivre après la naissance de notre enfant. Je ne voulais pas laisser un bébé me manipuler ou diriger nos vies. Je voulais lui imposer un horaire le plus tôt possible. J'étais déterminée à ne pas être une de ces mères dont le bébé était pendu à elle à longueur de journée.

Mon travail fut long et douloureux. Comme, pendant le premier mois, le bébé régurgitait toutes les préparations lactées, j'ai essayé de l'allaiter. Puisqu'on m'avait donné des injections pour tarir ma sécrétion lactée, j'ai donc dû recourir à un dispositif d'aide à l'allaitement pour aider à stimuler ma production de lait. À huit mois, j'avais une bonne production de lait et le bébé demandait à être pris et allaité tout le temps. Comme je ne voulais pas qu'elle prenne l'habitude d'être constamment dans nos bras, je l'ai sevrée du jour au lendemain à neuf mois. Je ne parviens plus à rien faire. Je me sens prise au piège, mais je ne peux me résigner. J'ai essayé de la laisser pleurer, mais je ne peux supporter de l'entendre. Je n'ai jamais eu de modèle parental à suivre. Ma mère me donnait la fessée chaque fois que je faisais quelque chose de travers. Kristine est devenue un bébé profondément en colère.

Commentaires du Dr Sears : *Cette mère est épuisée. Dès le début, elle présentait des risques élevés : des modèles parentaux médiocres, des attentes irréalistes, une expérience d'accouchement traumatisante, une séparation mère-bébé après la naissance et l'administration d'une injection qui supprime la production d'hormones maternelles naturelles. Cette mère et son bébé n'ont jamais eu l'occasion d'être en harmonie. Le bébé a continué d'exiger de sa mère des soins parentaux favorisant l'attachement, mais la mère était réticente. Il aurait été bénéfique* *pour la mère de consulter un professionnel qui lui aurait signalé la disparité entre ses attentes et le tempérament de son bébé.*

Certaines mères croient qu'elles perdent le contrôle de la situation lorsqu'elles écoutent leur bébé. Tout au long des mois où j'ai conseillé à cette mère de recourir au style d'art parental favorisant l'attachement, je l'ai assurée que répondre à son bébé porterait fruit éventuellement, mais que la récolte serait peut-être lente à venir, car elle faisait du maternage de « rattrapage ». Elle et son bébé ont enfin commencé à s'apprécier l'une et l'autre et son dernier commentaire a été : « J'aurais aimé que quelqu'un me dise tout cela bien avant. »

Comment le père peut aider à prévenir l'épuisement chez la mère

De la même façon que la mère n'a pas la réputation d'être capable de reconnaître les signes d'épuisement imminent, le père n'a pas la réputation d'être très sensible aux signaux de détresse de sa femme. La cause la plus fréquente de l'épuisement maternel est la non-participation du père.

Pères, soyez attentifs aux facteurs qui placent votre femme dans la catégorie à risque pour l'épuisement et soyez à l'affût des signes avant-coureurs cités précédemment. N'attendez pas que votre femme vous dise qu'elle n'en peut plus. Une femme confie rarement ses sentiments ambivalents à son conjoint ; elle ne veut pas paraître faible ou risquer de détruire l'image de la mère parfaite qu'il a d'elle.

L'harmonie est aussi importante dans la relation père-mère qu'elle l'est dans la relation mère-enfant. Pour être sensible à l'épuisement imminent, vous devez être à l'écoute des manifestations de stress dans votre propre famille qui empêchent votre femme de consacrer son énergie à son rôle de mère. Ainsi, un père qui remplit adéquatement son rôle peut créer une atmosphère qui permettra à sa femme d'allaiter avec succès. En « maternant la mère », vous pouvez l'aider à développer une relation d'allaitement positive.

La participation du père revêt une importance particulière dans les cas où vous avez eu la chance d'avoir un enfant aux besoins intenses. Le père qui ne participe pas tôt aux soins de son enfant risque de ne jamais se sentir à l'aise lorsqu'il s'agira de consoler un bébé maussade, de gérer une crise de colère ou de discipliner un enfant turbulent. Un manque d'engagement au début a un effet boule de neige. Moins le père s'engage dans son rôle de père, moins il se sentira à l'aise dans ce rôle. Ceci peut conduire certains hommes à se retirer de la relation avec leur enfant aux besoins intenses ainsi que de la situation familiale et de trouver des champs d'intérêt hors du foyer où ils se sentent plus à l'aise et compétents. Un enfant aux besoins intenses, une mère épuisée et un père absent forment une combinaison qui peut conduire à l'écroulement de toute la structure familiale.

La mère d'un enfant aux besoins intenses qui n'était pas loin de l'épuisement m'a donné récemment un exemple de ce genre : « Lorsque mon mari revient à la maison le soir, je suis à bout. Il s'attend tout de même à ce que la petite soit baignée, en pyjama et prête à aller au lit. Plus tôt on la couche pour pouvoir passer une soirée tranquille ensemble, plus il est content. » C'est un scénario classique. La mère est épuisée à la fin de la journée et le bébé aux besoins intenses a besoin de temps de qualité avec son père durant la soirée. Le père revient à la maison, dans son royaume, et constate que ni la reine ni la petite princesse ne sont à la hauteur de ses attentes. Un père qui n'a pas participé de façon constante aux soins de son enfant ne sait pas comment gérer cette situation.

Les débuts de soirée sont particulièrement éprouvants pour bon nombre de familles. C'est à ce moment que l'énergie de la mère est épuisée et que le père désire simplement relaxer. Par contre, l'enfant se prépare, après avoir passé la journée avec sa mère, à passer la soirée avec son père. Cette situation ne s'améliore pas du fait que les enfants sont souvent plus fatigués et donc moins agréables à ce moment de la journée ou de la soirée.

Le style d'art parental favorisant l'attachement ne fonctionne que si le soin des enfants est partagé par les deux parents. Un père sensible au risque d'épuisement maternel verra fréquemment à administrer un remède préventif : « Je m'en charge. Prends soin de toi. »

Un père qui ne participait pas aux soins de son bébé a déjà envoyé sa femme en consultation à mon bureau en sous-entendant subtilement que « ce doit être sa faute si nous avons un enfant exigeant dont elle n'est pas capable de s'occuper ». Puisque c'était le père qui avait envoyé sa femme pour se faire traiter, j'ai senti qu'il était de mon devoir de médecin de prescrire le remède le plus efficace que je connaisse. J'ai donc remis une ordonnance à la mère en lui disant : « Assurez-vous que votre mari remplisse bien cette ordonnance pour vous. » Et sur celle-ci on pouvait lire : « Administrer une dose de mari attentionné et de père engagé, trois fois par jour et au coucher, jusqu'à disparition des symptômes ».

Les séquelles de l'épuisement

L'épuisement maternel a souvent des répercussions sur le couple. Une mère épuisée sera souvent une épouse épuisée. Cet épuisement et son sentiment d'inefficacité vont souvent dégénérer en un sentiment global d'incompétence en tant que personne et c'est la dépression qui s'installe. Elle ne s'intéresse plus à sa toilette et à son apparence. Elle peut passer ses frustrations sur son conjoint, surtout si elle a l'impression qu'il ne l'appuie pas et ne participe pas aux soins de l'enfant. Beaucoup d'hommes ont tendance à s'éloigner au lieu de participer davantage. Chacun des conjoints devient insensible aux besoins de l'autre, ils s'éloignent l'un de l'autre et il en résulte un épuisement de leur union en même temps qu'un épuisement maternel. Pères, voilà pourquoi un plein engagement dans votre rôle de père est un si bon investissement pour vous. En évitant que votre femme ne s'épuise, vous permettez à votre union de s'épanouir et, en fin de compte, vous en profiterez vous aussi.

Soyez attentifs l'un à l'autre

À l'instar des pères qui sont souvent insensibles aux premiers signes de l'épuisement maternel, il y a également des mères qui ne se confieront pas à leur conjoint. Elles peuvent être réticentes à laisser leur enfant à ses soins ou elles ne seront pas très enchantées de laisser leur conjoint jouer un rôle actif dans les soins aux enfants. Sans harmonie et sensibilité mutuelle, il est très difficile à une famille de survivre aux pressions du parentage d'un bébé aux besoins intenses. Pères, soyez attentifs aux besoins de la nouvelle mère et sachez les prévenir. Mères, écoutez votre conjoint lorsqu'il dit que vos réserves d'énergie sont épuisées et qu'il suggère de laisser des choses de côté. Dressez une liste des domaines où vous avez besoin d'aide. Notez toutes les tâches quotidiennes qui nuisent à votre maternage en exigeant trop d'énergie de votre part : les travaux domestiques, la cuisine, les courses, etc. Dites précisément à votre conjoint où vous avez besoin d'aide et acceptez ses suggestions, surtout s'il est d'avis que plusieurs de ces tâches quotidiennes, importantes en apparence, sont superflues.

Établissez vos priorités

Très tôt dans votre carrière de mère, vous vous rendrez compte que vous ne pouvez pas tout faire pour tout le monde et que, si vous voulez survivre, vous devez établir une liste de priorités. Soyez réaliste en ce qui concerne la quantité de temps et d'énergie que vous devez consacrer à votre famille, surtout si vous avez un enfant aux besoins intenses ou une famille nombreuse avec des enfants rapprochés. Prenez le temps de dresser la liste de toutes les activités quotidiennes qui drainent votre énergie. Avec l'appui de votre conjoint, rayez de votre liste autant de ces activités que possible. Par exemple, une mère exténuée m'a dit récemment qu'elle était une ménagère compulsive jusqu'à ce qu'un jour, elle regarde le plancher de la cuisine et songe : « Ce plancher n'éprouve aucun sentiment. Personne ne sera affecté s'il n'est pas frotté tous les jours. Mon bébé sera bébé pendant très peu de temps et il a des sentiments, lui. » Ces réflexions font partie du cheminement vers la sagesse maternelle. Vous devez comprendre que s'il y a dix choses à faire et que vous n'avez d'énergie et de temps que pour en faire huit, vous ne devriez accomplir que ces huit tâches. Toutefois, assurez-vous d'inclure dans ces tâches celles où des êtres humains sont directement concernés.

Prenez du temps pour vous

Il est irréaliste pour les mères de s'imaginer qu'un seul rôle pourra satisfaire tous leurs besoins d'épanouissement. C'est une situation où il y a un fort risque de s'épuiser. Une mère malheureuse ne fait de bien à personne et surtout pas à elle-même. Il est indéniable que le bébé est celui qui prend et la mère, celle qui donne. Le bébé continuera de prendre jusqu'à ce que ses propres besoins soient entièrement comblés. Les bébés sont ainsi faits afin de pouvoir grandir et devenir des adultes aimants, capables de donner. Mais il est impossible qu'une mère donne continuellement sans se recharger périodiquement. La plupart des mères, surtout celles qui ont des enfants aux besoins intenses, ont besoin de s'autodiscipliner pour prendre le temps de s'adonner à des activités qu'elles aiment faire et non seulement celles qu'elles doivent faire. Les mères dévouées avec des enfants aux besoins intenses ne sont pas toujours capables d'admettre qu'elles ont besoin de temps à elles, surtout si elles sont seules dans une situation où il leur semble impossible de se garder un peu de temps. Souvent, il faudra qu'un conjoint sensible, attentif et affectueux, une amie ou un professionnel de la santé intervienne pour libérer la mère pendant un certain temps. Comme me le disait une mère : « J'avais besoin que quelqu'un me donne la permission de prendre un peu de temps pour moi. J'avais le sentiment que mon enfant avait constamment besoin de moi. » Une intervention de ce type a pour but d'aider la mère et le père à prendre soin l'un de l'autre, afin qu'ils puissent faire de même avec leurs enfants. Ceci ne doit pas être vu comme un encouragement à l'égoïsme chez la mère ou à ce qu'elle ne s'occupe plus de son enfant, mais plutôt comme une incitation à développer sa résistance afin qu'elle puisse continuer à materner son enfant comme celui-ci doit l'être.

Une de mes clientes, qui avait été pianiste de concert avant d'avoir son premier enfant, représente un bon exemple d'une mère qui se garde du temps à elle. Elle a eu le bonheur d'avoir un bébé aux besoins intenses et comme elle s'était engagée à être mère à temps plein, elle a donc consacré tout son temps et toute son énergie à son bébé. Elle a également reçu de l'aide de son conjoint, un père qui jouait activement son rôle, ainsi que d'amis encourageants. Elle avait un bébé du genre de ceux qui exigent toute l'énergie de la mère vingt-quatre heures par jour. Néanmoins, cette mère a eu la sagesse de se réserver une demi-heure par jour pour s'asseoir à son piano et en jouer. Même si son enfant s'irritait pendant qu'elle jouait, elle continuait, car elle avait décidé que cette pause était la sienne et qu'elle la méritait. Elle ne laissait pas son enfant seul ; il pouvait s'amuser avec ses jouets dans la même pièce. Après un certain temps, l'enfant a commencé à respecter cette pause que s'allouait sa mère, comme s'il sentait qu'elle était mieux disposée par la suite et qu'il en bénéficiait au bout du compte.

Dans une autre famille, où la mère refusait de s'allouer du temps, le père a eu la sagesse et la clairvoyance de reconnaître les signes avant-coureurs de l'épuisement chez sa femme. Deux fois par semaine, il arrivait plus tôt à la maison et insistait pour que sa femme se rende au centre de santé pour s'y détendre. Deux facteurs ont contribué à ce que cette mère accepte la suggestion : elle faisait confiance à la sagesse et au jugement de son mari (un exemple d'harmonie familiale) et elle se sentait à l'aise à l'idée de laisser le bébé à ses soins, car il avait pris une part active aux soins de son bébé depuis le début. Même dans les sociétés où les bébés sont constamment dans les bras de quelqu'un, ces bras sont souvent ceux de membres de la famille autres que la mère.

Une autre mère s'est exprimée en ces termes : « J'ai l'impression que même après l'accouchement, mon travail n'a jamais vraiment cessé et que je suis encore enceinte, mais d'un enfant de deux ans. Ma vie est un cercle qui ne fait que tourner autour d'elle. J'aurais besoin d'un carré dans lequel je pourrais inscrire ce cercle, ce qui me laisserait quelques coins à moi. »

Le rôle des parents pendant la nuit et l'épuisement familial

Les troubles de sommeil des enfants peuvent exercer un stress considérable sur la famille et contribuer à la maltraitance et aux mariages brisés. Les problèmes de sommeil de votre enfant deviennent un problème familial lorsque ses réveils fréquents dépassent votre seuil de tolérance. Que se passe-t-il lorsque vous avez passé en revue toutes les causes possibles de réveil nocturne et essayé toutes les suggestions pour inciter votre enfant à dormir et que rien ne réussit? Il m'arrive à l'occasion de parler à une mère qui tente d'être un parent exemplaire durant la nuit, mais qui est si exténuée que son efficacité comme mère, épouse et personne durant le jour s'en trouve grandement diminuée. Il est tout simplement impossible qu'une mère ayant passé la nuit debout avec son enfant trouve encore l'énergie nécessaire pour satisfaire les besoins de tous les autres membres de la famille durant le jour. Je me rends compte qu'il est extrêmement difficile de conseiller les parents en pareil cas et je commence habituellement par une remarque du genre : « Vous avez un problème et vous n'aimerez probablement aucune des solutions qui seront proposées, mais il faut admettre que vous devez faire quelque chose. Quelque chose doit être laissé de côté. Toute la famille est perdante. » Si, pour vous, le fait d'être un parent parfait durant la nuit sape votre efficacité durant le jour, c'est un drapeau rouge indiquant que vous devriez chercher de l'aide et le plus tôt sera le mieux. (Pour des suggestions, consultez la section S'occuper d'un bébé qui tète toute la nuit du chapitre 9.)

Il est parfois nécessaire de prendre des décisions difficiles au cours de la formation d'une nouvelle famille. Il faut absolument que vous sachiez évaluer et accepter d'une façon réaliste votre seuil de tolérance, afin de recueillir le principal bénéfice du style d'art parental favorisant l'attachement : profiter du bonheur d'être avec votre enfant.

Chapitre 11

L'enfant aux besoins intenses et la discipline

« Il est si têtu que cela ne lui fait rien » se plaignait la mère d'un enfant de deux ans. Parce que chaque enfant est unique et que chaque parent possède son propre style, il existe autant de méthodes de discipline qu'il y a d'enfants aux besoins intenses. Dans ce chapitre, je présenterai un style de discipline qui s'est révélé efficace dans notre famille ainsi que chez d'autres familles de ma clientèle.

Les enfants aux besoins intenses étant notoirement résistants à la punition comme forme de discipline, le but du présent chapitre est d'aider leurs parents à recréer une atmosphère et susciter des attitudes qui réduiront la nécessité de recourir à la punition. Lorsque les parents comprennent que la discipline dépend de la confiance établie avec l'enfant, ils peuvent avoir recours à l'autorité parentale avec plus de sagesse et ont beaucoup plus d'options pour discipliner leur enfant.

L'enfant aux besoins intenses est plus difficile à discipliner

Les traits de tempérament qui sont susceptibles de constituer un atout chez l'enfant aux besoins intenses plus âgé sont ceux-là mêmes qui attirent des déboires à l'enfant plus jeune. Ces enfants étant extrêmement intenses, ils se jettent à corps perdu dans tout ce qu'ils entreprennent et s'attaquent à des tâches qui dépassent leurs capacités du moment. Plus d'une mère a passé une journée complète à pourchasser un enfant aux besoins intenses qui s'était mis en tête de réaménager toute la maison. Ces enfants ont tendance à être impulsifs. Ils foncent tête baissée dans l'action sans s'arrêter d'abord pour élaborer un plan d'action. Cette impulsivité leur attire des problèmes. Ces enfants, parce qu'ils sont si conscients de leur environnement, sont extrêmement curieux. Ils veulent attraper tout ce qui bouge, faire tourner tout ce qui tourne et pousser tout ce qui avance. Ils protestent immédiatement lorsqu'on impose des limites à leurs explorations. L'enfant aux besoins intenses n'a pas la réputation d'être prudent. Il est porté à grimper, à s'accrocher et est du genre à s'élancer dans la rue parce qu'il a vu quelque chose d'intéressant de l'autre côté.

« Il est si rebelle » se plaignait une mère épuisée qui avait crié « non » un millier de fois à son enfant, sans que cela ait beaucoup d'effet sur son comportement. De nombreux enfants aux besoins intenses ont une forte personnalité qui entre en conflit avec celle de leurs parents. « Capable tout seul » est leur cri de guerre. La fierté, la confiance en soi et l'affirmation de soi caractérisent l'enfant aux besoins intenses, particulièrement celui qui a été élevé selon le style d'art parental favorisant l'attachement. Ces qualités témoignent d'une bonne estime de soi. D'autres méthodes d'éducation qui encouragent les parents à ne pas céder aux besoins et aux demandes de leur enfant écrasent le développement de la personnalité de l'enfant aux besoins intenses, avec le résultat que cet enfant perd confiance en lui-même et en son environnement, ce qui peut fragiliser son estime de soi.

L'impulsivité du bambin

Voici comment l'esprit d'un bambin interprète votre « non ». Un bambin curieux et impulsif ne possède pas encore la sagesse de distinguer quelles poignées sont dangereuses et lesquelles ne le sont pas. Il veut toutes les toucher. Quand ses premières tentatives pour atteindre la poignée sont suivies d'un « non » de la mère (une réaction qui prend environ un millième de seconde), il apprend rapidement que « non » signifie qu'il doit arrêter de faire ce qu'il fait. La mère peut aussi expliquer: « Ne touche pas. Tu vas te faire mal ! » L'enfant au tempérament facile saisit assez rapidement. Tout ce que le parent a à faire est de regarder l'enfant d'un air sévère et le bambin docile obéit.

Par contre, l'enfant aux besoins intenses a besoin que le non soit accompagné d'une règle plus « coercitive ». Les mots ne suffisent pas. Il faut prendre cet enfant dans ses bras immédiatement, le regarder droit dans les yeux et le retirer doucement mais fermement de la situation dangereuse. Le parent aura peut-être à intervenir et à prévenir l'enfant

Mettez-vous au niveau de l'enfant pour communiquer plus efficacement.

de ne pas toucher la poignée plusieurs fois avant que l'enfant ne réussisse à se retenir. Le « non » est beaucoup plus efficace s'il est suivi d'une réorientation vers quelque chose de positif que l'enfant peut faire à la place.

Mettre à l'épreuve la patience des parents

Il est facile de se sentir frustré lorsque vous avez l'impression que vous ne parvenez pas à vous faire comprendre de votre enfant, mais n'abandonnez pas la partie. Votre enfant souhaite vous faire plaisir, mais c'est plus long de façonner le comportement d'un enfant aux besoins intenses. Voilà pourquoi les premiers mois des soins au bébé maussade revêtent une si grande importance. La relation de confiance qui se forme quand la mère et le père répondent aux besoins du bébé constitue le fondement de la discipline à venir. Elle évitera que la discipline du bambin ne se transforme en confrontation et en lutte de pouvoir. Le style d'art parental favorisant l'attachement vous permet d'être ferme mais patient avec votre enfant, parce que votre relation est fondée sur la confiance.

Les parents qui sont devenus très sensibles à leur enfant découvriront que celui-ci est également sensible à leur humeur. Les problèmes de discipline risquent le plus souvent de survenir durant des périodes de stress pour les parents, lorsque leurs réserves de patience sont au plus

La discipline repose sur la relation de confiance que vous avez établie avec votre enfant.

bas. Des parents m'ont souvent fait la remarque : « Quand je me sens bien, mon enfant est sage. »

Les crises de colère

La plupart des enfants aux besoins intenses sont portés à faire des crises de colère entre l'âge d'un et deux ans. Ils protestent violemment contre toute restriction à leur conduite impulsive. Les crises de colère résultent de deux sentiments : la frustration de l'enfant de devoir se conformer à la volonté d'un autre et sa colère d'avoir perdu le contrôle sur lui-même.

L'enfant aux besoins intenses n'a pas le contrôle de soi requis pour gérer des émotions si fortes. Il ne possède pas non plus les habiletés verbales nécessaires pour exprimer ses sentiments, il le fait donc par des gestes. Les crises les plus inquiétantes, tant pour les parents que pour l'enfant, sont celles où ce dernier pleure si fort et est si furieux qu'il semble retenir sa respiration vers la fin, devient bleu, mou et sur le point de s'évanouir. Heureusement, juste au moment où les parents impuissants sont au bord du désespoir, l'enfant recommence à respirer. Il ne se fait pas de mal, mais laisse ses parents anéantis. La mère d'un enfant aux besoins intenses dira souvent que celui-ci « craque » quand il fait une crise. Empêcher l'enfant de s'effondrer et le ramasser à la petite cuillère sont des tâches difficiles pour les parents d'un enfant aux besoins intenses. Personne n'aime les crises de colère, d'où l'importance de tenter de les prévenir.

« Mais que dois-je faire lors de ces crises de colère ? » se demande le parent impuissant. Je ne crois pas qu'il faut ignorer les crises, car l'enfant a besoin que quelqu'un qui a de l'autorité l'aide à reprendre le contrôle. Tenez fermement l'enfant qui se débat en l'entourant tendrement de vos bras et en empêchant les siens de battre l'air. En posant ces gestes, dites d'une voix rassurante : « Tu ne te contrôles plus. Je vais te garder serré dans mes bras jusqu'à ce que tu te sentes mieux. » En général, même l'enfant le plus rebelle renversera la vapeur et se soumettra à quelqu'un qui a un meilleur contrôle. Il se laissera aller dans vos bras, comme pour vous remercier de l'avoir délivré de lui-même. Si le fait de le tenir fermement ajoute à sa colère, essayez de demeurer à ses côtés et de le rassurer par des paroles du genre : « Tu es en colère parce que tu ne peux pas aller dehors aujourd'hui. Ce n'est pas amusant. Je comprends. » Ces stratégies pour gérer les crises de colère procurent à l'enfant les outils dont il a besoin pour apprendre plus tard à se contrôler. Les ultimatums (« Lève-toi ! Je compte jusqu'à

L'allaitement devrait se poursuivre jusqu'à ce que votre enfant n'en ressente plus le besoin.

trois ! ») obligent l'enfant à reprendre le contrôle sur lui-même, mais sans lui enseigner comment le faire.

« Je veux » ou « Je ne le ferai pas » ?

Si l'enfant aux besoins intenses est élevé dans un environnement qui complémente ses traits de caractère, sa personnalité forte devient un atout. Le « je veux » qu'il affirme est souvent interprété par les parents comme un « je ne le ferai pas ». Par exemple, un enfant de deux ans qui joue chez son ami peut se sentir si heureux et si bien dans cette situation qu'il protestera à grands cris lorsque sa mère viendra lui annoncer qu'il est temps de partir. Cet enfant désire profondément continuer de faire ce qu'il fait et ne cédera pas facilement à la volonté d'une autre personne. Si la mère perçoit ces protestations comme de la rébellion et répond, en contrepartie, en affirmant son autorité, un affrontement s'ensuivra qui n'aura plus rien à voir avec le fait qu'il est temps de rentrer à la maison. La mère et l'enfant porteront plutôt leur attention sur qui sortira gagnant. Dans cette situation, personne ne gagne. L'enfant perçoit la mère autoritaire comme capricieuse et insensible. La mère doit maintenant traiter avec un enfant véritablement rebelle, pas seulement un enfant qui ne veut pas retourner à la maison tout de suite. L'aspect le plus difficile de l'application de la discipline à un enfant aux besoins intenses consiste à lui inculquer un juste respect de l'autorité sans briser sa volonté ou en faire un enfant en colère.

Comment devraient réagir les parents dans cette situation ? Les parents doivent reconnaître que l'enfant aux besoins intenses requiert de l'aide pour effectuer des transitions et ils doivent l'aider à quitter son activité en cours. Quinze minutes avant de partir, vous avisez l'enfant qu'il devra cesser de jouer bientôt. Dix minutes avant votre départ, asseyez-vous avec lui et aidez-le à ranger les jouets avec lesquels il a joué et à se préparer à dire au revoir. Rappelez-lui ce qu'il fera à son retour à la maison et aidez-le à attendre avec impatience la prochaine activité. Tout ceci prend plus de temps qu'un simple « allons-y », mais c'est beaucoup moins stressant que de « serrer la vis » pour faire obéir votre enfant.

Il y a des occasions où votre enfant doit vous obéir sur le champ et sans dire un mot. Par exemple, lorsque sa santé ou sa sécurité ou celle d'un autre enfant est en jeu. Réservez l'artillerie lourde pour ces situations. Votre enfant comprendra à votre attitude et au ton de votre voix qu'il doit faire ce que vous lui dites.

Une méthode pour discipliner l'enfant aux besoins intenses

« Je ne peux le faire obéir. Plus je le tape fort, pire il devient. » se plaignait une mère frustrée. Les parents confondent souvent discipline et punition.

La punition est une force extérieure, appliquée parce que l'enfant a dévié du droit chemin. En fait, la punition n'est qu'une forme de discipline et elle n'est pas très efficace dans la plupart des cas. J'aimerais que les parents voient plus loin que la punition. Discipliner un enfant signifie former l'enfant de sorte à le motiver à demeurer sur le droit chemin. Il se sent bien lorsqu'il agit correctement et il se sent mal lorsqu'il n'agit pas bien.

Créer l'attitude et l'atmosphère

Une des façons d'y arriver est de recréer à la maison une atmosphère qui rendra moins nécessaire le recours à la punition. Vers la fin de la première année de l'enfant, le rôle d'éducateurs des parents s'élargit pour englober celui de figures d'autorité et de responsables d'un environnement sécuritaire. Pour éviter les « non » incessants, mettez de côté les objets cassants, insérez des prises de sécurité dans les prises électriques et placez des barrières devant les escaliers. Vous usez alors d'autorité avec sagesse en éliminant les occasions de danger pour votre enfant. Vous réservez aussi le « non », un mot important, pour des situations vraiment dangereuses. En même temps, offrez à votre enfant des activités amusantes : une armoire de cuisine qu'il peut vider, des balles en styromousse qu'il peut s'amuser à lancer dans la maison. De la même façon que vous avez répondu à votre bébé lorsqu'il avait besoin d'aide pour se calmer, vous répondez au besoin d'exploration de votre bambin en rendant son environnement à la fois stimulant et sécuritaire.

Toutes ces actions renforcent la confiance de votre enfant en votre autorité d'adulte. Lorsque vous devrez intervenir directement et arrêter ou réorienter votre enfant, il acceptera volontiers de suivre votre exemple. La confiance est la meilleure fondation pour l'autorité parentale. Lorsqu'un bambin impulsif s'élance vers le bouton de la cuisinière à gaz et que vous vous précipitez vers lui en lui disant fermement « non », vous demandez à votre enfant qu'il plie sa volonté à la vôtre. Vous voulez qu'il vous obéisse, non parce que vous êtes plus grande et plus forte, mais parce qu'il a totalement confiance en vous. Plus la volonté de l'enfant est forte, plus la confiance devra être grande.

Qu'y a-t-il de mal à donner la fessée ?

L'expérience m'a appris que l'enfant aux besoins intenses résiste aux effets de la punition corporelle. La fessée est censée modifier le comportement selon le principe behavioriste du renforcement. Une action indésirable entraîne une réaction indésirable : la fessée. Souvent, l'enfant aux besoins intenses ne fera pas le lien entre la fessée et la maîtrise de soi requise pour l'éviter. Il n'est pas intentionnellement têtu, il ne fait simplement pas le lien entre son comportement et la punition douloureuse et humiliante. En tant que parent et figure d'autorité, vous devez anticiper les situations dans lesquelles votre enfant aura de la difficulté à se contrôler et les éviter ou aider votre enfant à y faire face. Non seulement les enfants ne font-ils pas le lien entre la fessée et le comportement indésirable, mais ils peuvent également associer les sentiments négatifs qui accompagnent la fessée au parent qui l'administre.

Les bébés aux besoins intenses deviennent souvent des bambins actifs.

Il sera alors encore plus difficile pour le parent de guider son enfant par la suite.

Des attentes réalistes

Pour discipliner correctement un enfant aux besoins intenses, vous devez avoir des attentes réalistes concernant ce que votre enfant est capable de vivre. Vous ne devriez pas imposer à un enfant des exigences qui dépassent ses capacité autant au point de vue de son développement que de son tempérament. Il est absolument irréaliste, par exemple, de s'attendre à ce qu'un bambin impulsif se promène dans l'allée d'un supermarché sans saisir tous ces délices à portée de la main sur les tablettes. Les parents de l'enfant aux besoins intenses tolèrent généralement un plus grand nombre de comportements puérils. Ils attribuent les petits problèmes à la personnalité de leur enfant et évitent les situations à risque élevé, comme les supermarchés, qui font habituellement ressortir le pire chez le parent et l'enfant.

Si vous ne pouvez éviter d'emmener votre enfant au supermarché, soyez prête à user d'imagination pour inventer des jeux, tel celui de « l'assistant de maman ». Montrez à l'enfant ce que vous désirez sur la tablette, laissez-le prendre l'article et le déposer dans le chariot pour vous. Manifestez-lui beaucoup de reconnaissance pour son aide et aidez-le patiemment à enlever tout article non nécessaire qui s'est retrouvé dans votre chariot. Ceci prend plus de temps, mais ça en vaut la peine, à court et à long terme. Il s'agit d'un investissement pour l'avenir de votre enfant.

Une approche aimante

Lorsque vous disciplinez l'enfant aux besoins intenses, utilisez abondamment le contact visuel. Cette forme de langage corporel indique à l'enfant que vous lui parlez vraiment avec votre cœur et que vous voulez qu'il fasse les bons choix parce que vous l'aimez. Si vous persistez à utiliser cette approche pour discipliner un enfant aux besoins intenses, celui-ci développera du respect pour votre sens de la justice et votre sagesse.

Cette façon de discipliner n'est pas fondée sur l'indulgence ou le laxisme. Elle exige du temps, mais procure à votre enfant les outils nécessaires pour interagir avec les autres et entretenir de bonnes relations. Une discipline aimante ne signifie pas faire plier la volonté de votre enfant à la vôtre. Les yeux tournés vers l'avenir, elle prépare votre enfant à la vie.

RÉFÉRENCES

Sears, W. and Sears, M.1995. *The Discipline Book*. Boston: Little, Brown and Co.

Chapitre 12

Les dividendes

« Ce fut une longue et dure lutte, mais nous commençons enfin à récolter les fruits de notre investissement. » expliquaient les parents d'un enfant de deux ans aux besoins intenses. Les soins à l'enfant aux besoins intenses offrent un excellent rapport investissement/rendement. Ils exigent beaucoup des parents, mais ceux-ci reçoivent beaucoup en retour.

Lorsque les parents sont attentifs au tempérament de leur bébé, qu'ils tiennent compte de ses besoins et développent un style parental qui convient à toute la famille, ils mettent en valeur le meilleur de l'enfant. Ce défi, ainsi que la réaction de l'enfant, mettent également en valeur le meilleur des parents. Les parents acquièrent de la maturité et grandissent au même rythme que leur enfant. Comme me l'a déjà dit le père d'un enfant aux besoins intenses : « Rien de mieux pour faire mûrir un parent que de devoir s'harmoniser à son enfant aux besoins intenses. » Ce père ne pensait pas seulement à avoir plus de cheveux gris.

Les résultats

Les parents demandent souvent : « Que deviendra mon enfant ? Sera-t-il hyperactif ? Laissera-t-il notre lit un jour ? Finira-t-il par "se sevrer" ? » Il existe de grandes différences d'un enfant à l'autre, mais l'analyse des cas de bébés aux besoins intenses que j'ai connus révèle certaines tendances générales.

Le bébé aux besoins intenses peut véritablement devenir une source de joie pour ses parents. Grâce à des soins parentaux attentionnés, son comportement est canalisé vers des traits de personnalité positifs. Les soins parentaux attentifs et affectueux dont il est question dans le présent ouvrage et qui, selon moi, donnent de bons résultats avec les bébés aux besoins intenses sont :

- allaiter sans restriction ;
- se montrer réceptif et attentif aux pleurs du bébé, à ses signaux et à son tempérament ;
- partager le sommeil avec les parents ;
- porter le bébé ;
- un père qui offre son soutien et participe activement ;
- des parents qui ont un réseau qui les soutient dans leurs choix.

Les enfants aux besoins intenses dont les parents ont suivi ces conseils sont devenus des individus sensibles, attentifs aux autres, confiants et sûrs d'eux.

Le bébé difficile devient-il un enfant difficile ?

Pour aider à répondre à cette question, des chercheurs ont entrepris une étude, le New York Longitudinal Study, qui a débuté en 1956 (Thomas et al, 1968). Ils ont suivi 136 enfants de la petite enfance à l'adolescence. Ils ont tenté de classer les nourrissons comme étant faciles ou difficiles en se basant sur neuf aspects du tempérament : le niveau d'activité, la rythmicité des fonctions biologiques, la facilité d'adaptation, les réactions d'approche et de retrait face aux situations nouvelles, le seuil sensoriel, l'humeur (essentiellement l'humeur positive ou négative), l'intensité de l'humeur, la facilité à se laisser distraire et la capacité à persévérer ou à se concentrer. Dans cette étude, l'enfant facile se distinguait par la régularité de ses fonctions biologiques, sa facilité à faire face à des situations nouvelles, une humeur généralement positive et sa capacité d'adaptation. Les enfants difficiles, par contre, avaient des fonctions biologiques irrégulières, se repliaient sur eux-mêmes face à des situations nouvelles, étaient souvent de mauvaise humeur, l'exprimaient avec force et étaient lents à s'adapter aux changements.

Les résultats de cette étude ont démontré que les bébés qui avaient été étiquetés comme bébés difficiles avaient une incidence plus élevée de troubles du comportement plus tard dans l'enfance, principalement dans les domaines du sommeil, de l'humeur, de la discipline et des relations avec les pairs. Même si l'étude a révélé qu'il y avait effectivement une

Que faire quand bébé pleure?

**Adopter un style parental qui convient à toute
la famille est très payant.**

corrélation entre le comportement du bébé et les troubles subséquents, cette corrélation n'était pas parfaite. Des bébés faciles devenaient parfois des enfants difficiles et vice versa. La seule conclusion des auteurs a été que le bébé difficile présentait un risque plus élevé de devenir un enfant plus difficile.

Même si les chercheurs n'avaient pas l'intention d'évaluer les effets des divers styles de soins parentaux, l'étude a démontré qu'aucun style en particulier ne convenait à tous les enfants. La relation parent-enfant qui avait le plus de chances de réussir était celle où la mère faisait preuve de cohérence autant que de souplesse et recourait à un ensemble d'attitudes et de pratiques. Autrement dit, les bébés qui se sont le mieux épanouis ont été ceux dont la mère s'est montrée flexible en répondant à leurs besoins. L'étude a révélé que l'enfant qui s'en tirait bien avait souvent des parents qui n'avaient jamais considéré qu'il souffrait de troubles du comportement. Ils avaient plutôt l'impression que le comportement incommodant de l'enfant était l'expression de sa personnalité propre qui avait besoin d'être modifiée. L'enfant qui s'en tirait moins bien avait des parents qui agissaient avec lui de façon stressante, incohérente et déroutante.

Les avantages de l'art parental favorisant l'attachement

Un meilleur développement. Le bébé aux besoins intenses qui vit en harmonie avec son environnement atteint souvent plus rapidement les diverses étapes de son développement. Le bébé perd moins d'énergie à s'ajuster, du fait que les parents favorisent l'harmonie dans son environnement. Il ne gaspille pas d'énergie à surmonter son propre stress et peut consacrer celle-ci à développer ses habiletés. Les chercheurs qui ont étudié les modèles de soins du bébé dans les autres sociétés ont fait d'intéressantes observations sur les bébés élevés en contact presque continu avec leur mère (Geber, 1958). Ces mères portent leur bébé sur elles dans des écharpes. Les bébés ont accès au sein sur demande et semblent téter continuellement. Ils sont constamment dans les bras de quelqu'un. Lorsque la mère est fatiguée, les membres de la famille élargie sont à proximité pour jouer à « passe-moi le bébé ». Ces bébés pleurent rarement parce qu'on anticipe leurs besoins et qu'on y répond rapidement. Ils dorment avec leur mère et tètent toute la nuit. Les chercheurs ont remarqué que les bébés ayant été élevés selon ce style parental favorisant l'attachement étaient nettement plus précoces, tant sur le plan du développement neuromusculaire que sur le plan cognitif, que les bébés des sociétés plus « évoluées ».

Je peux en apprendre beaucoup sur la force du lien parent-enfant en observant un bambin jouer. Imaginez deux bambins dans une salle de jeu en présence de leurs mères. L'enfant aux besoins intenses qui n'est pas fortement attaché à ses parents passe souvent d'un jouet à l'autre sans s'attarder longtemps à chacun. Il n'arrive pas à se concentrer et se préoccupe rarement de sa mère. L'enfant aux besoins intenses qui est attaché à ses parents passe également d'un jouet à l'autre, mais il les examine plus attentivement et vient vérifier de temps à autre si sa mère est là, afin de s'assurer que tout va bien. Les deux bambins font preuve d'autonomie, mais celle du premier bambin manque de direction. Le second bambin apprend davantage de ses explorations. Il se sent plus en sécurité et libre d'explorer l'inconnu, grâce aux liens étroits qui l'unissent à ses parents attentionnés.

Des enfants généreux. Le bébé aux besoins intenses qui vit avec des parents généreux devient un enfant généreux. L'enfant qui prend beaucoup devient plus tard quelqu'un qui donne, car il a été habitué au don de soi. Cet enfant partage plus facilement, ce qui s'avère difficile pour de nombreux enfants. Il semble également plus soucieux des besoins et des droits des autres enfants autour de lui. Ses parents ont atteint un juste équilibre dans leur don de soi, sans être trop indulgents ni trop restrictifs. À l'opposé, il y a les enfants soi-disant « gâtés », qui sont souvent le résultat d'un don de soi inapproprié, on leur a trop donné (ce qui empêche parfois l'enfant de devenir autonome) ou pas assez.

La sensibilité. Le bébé aux besoins intenses qui grandit dans un environnement où ses parents sont sensibles à ses besoins devient un enfant plus sensible aux besoins des autres enfants. Pourquoi cet enfant s'inquiète-t-il si un bébé pleure ou si un autre enfant se fait mal ? Parce que c'est la réponse qu'il a apprise lorsque lui-même pleurait et avait mal. Les parents sont les premiers à profiter de cette sensibilité. Une mère m'a raconté que, un jour où elle se sentait particulièrement déprimée et qu'elle pleurait, sa fille de trois ans (qui avait été un bébé aux besoins intenses) est accourue, l'a entourée de ses bras et lui a dit du fond du cœur : « Ne pleure pas, maman. Je vais t'aider. »

Se sentir bien dans sa peau. Lorsque l'harmonie règne entre un bébé aux besoins intenses et ses parents dévoués, un sentiment de bien-être intérieur envahit l'enfant et devient pour lui une seconde nature. L'enfant dégage un sentiment de sérénité, comme s'il était bien dans son univers et que l'univers était bien pour lui. Un enfant serein est plus apte à faire face aux nombreux stress qui se dresseront sur sa route au cours des étapes normales de sa croissance et de son développement. Il s'efforcera continuellement de regagner ce sentiment de bien-être en modifiant son environnement et ses réactions en conséquence. L'enfant qui a grandi en se sentant continuellement mal dans sa peau court un plus grand risque de devenir un enfant en colère, un enfant aigri.

Donner une direction. Le bébé exigeant devient souvent un enfant impulsif et c'est cette impulsivité débridée qui lui attire des ennuis. Les parents se demandent souvent si leur bébé difficile risque de devenir un enfant hyperactif. La plupart des parents d'enfants hyperactifs disent que ces derniers sont nés ainsi. Oui, le bébé difficile risque davantage de devenir un enfant hyperactif. Voilà pourquoi la persévérance des parents à adoucir le tempérament de leur bébé aux besoins intenses est vraiment payante. L'enfant, dont les parents l'ont aidé à apprendre à se contrôler tôt dans l'enfance, semble être davantage en mesure de se contrôler plus tard.

Katie, qui a quatre ans, a tenu le coup avec sa petite sœur aux besoins intenses avec certains résultats intéressants. Elle ne connaissait aucun bébé sauf Megan, notre bébé aux besoins intenses. Elle en est donc venue à penser que tous les bébés étaient comme Megan. Cette attitude était évidente dans ses jeux avec ses poupées. Les poupées pleuraient toujours beaucoup et elle les réconfortait de la même manière que je le faisais avec Megan. Elle les prenait dans ses bras, les berçait ou les allaitait et répétait les mêmes mots que moi : « Voyons, ma chérie. Ne pleure pas. Maman est là. » Katie passait beaucoup de temps à apaiser et à consoler ses poupées. C'était beau à voir.

Puis, un jour, une bonne amie a eu un bébé qui était la perfection incarné. Il pleurait à peine, n'était jamais agité et ne hurlait jamais. Katie m'a demandé pourquoi notre bébé ne pouvait-il pas ressembler davantage à celui-là. Cela m'a fait quelque chose, mais je comprenais fort bien sa question.

Cette expérience lui a au moins permis d'avoir des attentes réalistes en ce qui a trait au comportement des bébés en certaines circonstances. Cela lui a également montré qu'il ne faut pas laisser tomber quelqu'un lorsqu'il a besoin de nous, même si nous sommes très contrariés. Dans ses jeux, je constate qu'elle a maîtrisé certaines méthodes de maternage que j'ai dû apprendre par essais et erreurs. J'espère qu'il lui sera plus facile de materner grâce à cette expérience, particulièrement si elle a un jour un bébé aux besoins intenses.

Commentaires du Dr Sears : *Les parents peuvent se demander comment un bébé maussade affecte les enfants plus âgés de la famille. Grandissent-ils en croyant que tous les bébés sont ainsi? Ce témoignage est un bon exemple de la façon dont un enfant plus grand imite les gestes de sa mère. Il était important que Katie apprenne que tous les bébés ne sont pas aussi maussades que sa* *petite sœur, sinon son attitude vis-à-vis la maternité aurait pu en souffrir. En observant sa propre mère, Katie a appris à être une personne dévouée.*

Les parents qui ont pratiqué l'art parental favorisant l'attachement connaissent si bien leur enfant hyperactif qu'ils sont plus aptes à canaliser le comportement impulsif et destructeur de leur enfant. Sans cette base, les parents pataugent dans l'incertitude et leur enfant est confié aux mains de spécialistes et d'experts au lieu d'être guidé par des parents intuitifs. L'enfant hyperactif qui n'a pas été élevé selon l'art parental favorisant l'attachement est souvent très en colère, bien que cette colère ne soit pas toujours évidente. Je suis d'avis que la colère est l'un des sentiments les plus négligés se dissimulant derrière la plupart des problèmes de comportement. L'expérience m'a appris que l'enfant hyperactif le plus difficile à élever est celui qui vit dans la colère. Un de mes buts en écrivant ce livre est d'aider les enfants à éviter de ressentir de la colère. Le bébé maussade destiné à être un enfant hyperactif, mais qui a bénéficié de soins parentaux favorisant l'attachement, vit dans la confiance plutôt que dans la colère.

N'a peur de rien. Les parents décriront souvent l'enfant aux besoins intenses comme un enfant intrépide, car il a grandi dans un environnement où il avait peu à craindre. « Il n'a pas besoin d'avoir peur » disait une mère qui avait consacré beaucoup d'énergie à créer un environnement calme pour son bébé aux besoins intenses. Les frayeurs normales de la petite enfance ne seront probablement pas aussi intenses chez ces enfants puisqu'ils ont eu l'aide de leurs parents pour surmonter l'anxiété. Ils continueront à se sentir calmes et sûrs d'eux, plus tard dans l'enfance.

La confiance. Si vous me demandez d'utiliser un seul mot pour décrire le bébé aux besoins intenses qui a grandi dans un environnement harmonieux, je choisirais le mot « confiance ». Lorsqu'on fait confiance à un bébé, il apprend à avoir confiance. Lorsqu'un bébé aux besoins intenses grandit dans un environnement réceptif à ses besoins, il apprend à croire que ses besoins vont être correctement identifiés et invariablement satisfaits. Ceci nécessite deux types de confiance : le bébé a confiance que les indices qu'il fournit valent la peine d'être écoutés et il a confiance que ses parents répondront à ces indices. Il apprend à se faire confiance et à faire confiance à ceux qui l'entourent, ce qui contribue au développement de son estime de soi et de sa capacité d'établir une relation de confiance avec les autres. Tant les parents que l'enfant en profitent, simplement en étant à l'écoute de l'autre.

L'estime de soi. Tous les traits de l'enfant aux besoins intenses cités plus haut contribuent à une bonne estime de soi. Le bébé élevé dans l'harmonie se sent bien dans sa peau et à l'aise dans son environnement. Il devient à la longue un enfant créateur qui redonne à son entourage l'attention et l'amour qu'il a reçus. Il rend notre univers plus intéressant et plus paisible à vivre.

Le syndrome du repliement sur soi

Les bébés qui grandissent dans un environnement moins satisfaisant présentent souvent un retard de développement moteur et affectif. Ce syndrome est connu dans le milieu médical comme le syndrome de carence affective. Les bébés aux besoins intenses qui n'obtiennent pas l'attention dont ils ont besoin manifestent, à des degrés divers, un retard de développement. J'ai conseillé des mères à ce sujet. Il semble que ces bébés se replient complètement sur eux-mêmes. Je me demande combien de bébés aux besoins intenses, qui reçoivent un niveau de soins en deçà de leurs besoins, présentent des signes subtils de repliement sur soi qui passent inaperçus.

Une partie du syndrome du repliement sur soi peut être due à une dépression réactive. Le bébé pleure la perte d'une relation importante, tout comme les adultes vivent des changements physiques et émotifs en réaction à une perte. Cette dépression devient plus profonde lorsque les signaux émis par le bébé demeurent sans réponse. Les pleurs sont le comportement le plus efficace que possède un bébé pour promouvoir l'attachement. Pouvez-vous imaginer l'immensité de la peine que ressent ce tout-petit dont les pleurs n'obtiennent aucune réponse et qui a des capacités limitées pour compenser sa perte ?

La lettre suivante décrit le syndrome de repliement sur soi et ce qu'une mère a fait pour que son bébé retrouve la santé au point de vue affectif et physique :

« J'avais déjà deux enfants et puis est arrivé Andy. Au début, il adorait s'endormir sur ma poitrine, au rythme de ma respiration et des battements de mon cœur. Avec un nouveau-né et deux bambins de moins de quatre ans, j'étais fatiguée la plupart du temps. Par conséquent, Andy était rarement dans son berceau à côté de mon lit. Il dormait tout simplement avec moi. Comme il était agréable à prendre, je le prenais toute la journée.

Andy est rapidement devenu un très gros bébé, trop lourd pour être porté dans le porte-bébé. J'ai donc commencé à le mettre dans la poussette. Il y était heureux pendant cinq minutes, puis il commençait à pleurer jusqu'à ce que je le prenne. Il était aussi agité pendant son sommeil, j'ai donc commencé à le mettre dans son berceau après l'avoir allaité.

Lorsqu'il a commencé à ramper, je ne pouvais plus le garder à mes côtés partout où j'allais dans la maison. J'ai donc installé un parc. Chaque fois que je l'y déposais, il devenait hystérique. Je n'étais pas habituée à l'entendre pleurer, ce qui fait que lorsque j'avais terminé de cirer le plancher, de prendre une douche ou de faire quoique ce soit d'autre, j'étais "un paquet de nerfs".

Lorsque je le mettais dans la chaise haute, il mangeait, jouait et semblait bien s'y plaire, à condition que je le nourrisse et réponde à ses moindres désirs. Si je me levais pour préparer le repas ou simplement pour aller lui chercher d'autre nourriture, il se mettait à pleurer et cessait de manger.

J'ai appelé mon pédiatre et je lui ai parlé des épisodes de pleurs dans le parc. Je lui ai fait part de ma crainte que mon fils ne devienne un "petit garçon à sa maman" . Le médecin m'a conseillé de laisser Andy dans le parc et de vaquer à mes occupations dans la maison. Il m'a dit qu'il finirait par démissionner et arrêter de pleurer. On était lundi. Si Andy pleurait encore le vendredi suivant, je devais rappeler le pédiatre afin que l'on trouve une autre solution, car on ne pouvait pas le laisser pleurer pendant plus de cinq ou six jours !

Le premier jour où je l'ai laissé dans son parc, il n'a pas arrêté de pleurer. La deuxième journée, Andy a réussi à se faire vomir. Le matin suivant, dès que je l'ai transporté dans la pièce d'en avant et qu'il a vu le parc, il a commencé à pleurer et a vomi tout le lait de sa dernière tétée. Je me suis alors dit : "Tant pis. Je ne peux plus continuer."

À partir de ce jour, il a semblé s'accrocher encore plus. Il voulait toujours être dans mes bras. Il ne tétait plus souvent, ni très longtemps. Lors de son examen médical à neuf mois, son poids était passé du soixante-dixième percentile au quarantième selon les courbes de poids. Un mois plus tard, il était descendu au vingtième percentile. Le pédiatre nous a envoyés à l'hôpital pour passer des tests qui se sont tous avérés normaux.

Une amie m'a proposé d'écouter l'émission de radio du docteur Sears. J'ai syntonisé la station au moment où une mère s'informait au sujet de son bébé aux besoins intenses. Il lui a expliqué que "un bébé malin ne permet pas à sa mère de se débarrasser de lui". À mesure que j'écoutais le docteur Sears parler de bébés aux besoins intenses, je me rendais compte que mon bébé était un de ceux-là. J'étais si contente ! Enfin, quelqu'un qui comprenait mon bébé. Ce n'était peut-être pas ma faute s'il était ainsi !

Je me suis rappelé à quel point j'avais toujours eu Andy avec moi les premiers mois. Puis, je me suis rendu compte que je l'avais inconsciemment repoussé loin de moi. Le pire avait été de le laisser pleurer tout seul. J'ai compris que c'était après avoir laissé pleurer Andy pendant si longtemps dans le parc qu'il avait cessé de se nourrir et avait commencé à perdre du poids.

J'ai commencé à considérer Andy comme un bébé aux besoins intenses. J'ai acheté un porte-bébé me permettant de le porter dans le dos. Je l'avais toujours sur moi. Que je sois en train de laver la vaisselle ou de parler au téléphone, Andy était dans mon dos. Je ne le mettais plus dans la chaise haute. Il mangeait sur mes genoux, dans mon assiette. Je l'allaitais dans mon lit pour l'endormir. Le soir, je le sortais de son lit et le transportais dans le nôtre pour sa tétée de vingt-trois heures. Puis, nous passions un long moment à nous blottir les uns contre les autres. Nous avions beaucoup de contact physique et il nous répondait par de petits cris. Il adorait ça.

Plus je le cajolais, plus il s'intéressait à la nourriture. Plus il était heureux, moins il s'accrochait à moi. À son examen médical suivant, il avait pris près de deux kilos et son poids se situait à nouveau sur la courbe. Il est à nouveau de bonne humeur, il rit beaucoup et il aime la vie. »

Les avantages pour les parents

Il y a des moments, j'en suis sûr, où les parents sentent qu'il n'y a absolument aucun avantage à avoir un bébé aux besoins intenses. Ils s'étonneront de me voir utiliser des termes positifs, comme avoir la « chance » ou le « bonheur » d'avoir un tel bébé, c'est pourtant ce que je pense sincèrement. Le bébé aux besoins intenses, dont on a pris soin correctement, met en valeur le meilleur côté de ses parents. Les parents du bébé aux besoins intenses reçoivent de bons dividendes de leur investissement en temps et en énergie.

Une meilleure connaissance de l'enfant. En étant à l'écoute des indices fournis par leur bébé, en lui répondant sans restriction et en évaluant ses réactions, les parents en viennent à mieux connaître leur enfant. Ils savent ce qui fonctionne et ce qui ne fonctionne pas. Même les mères qui entrent dans leur nouveau rôle avec une intuition chancelante gagnent progressivement confiance en elles lorsqu'elles suivent les conseils (l'art parental favorisant l'attachement) qui permettent à leur intuition de se développer. Cette confiance augmente régulièrement grâce aux réponses du nourrisson et l'ensemble du système parent-enfant de l'offre et de la demande fonctionne à un niveau supérieur et plus harmonieux. Bref, les parents deviennent plus sensibles. De plus, la mère et le père deviennent souvent plus attentifs l'un à l'autre et leur union est plus heureuse. Une union stable et profondément satisfaisante assure un meilleur départ aux soins parentaux du bébé aux besoins intenses.

Une meilleure acceptation. Les parents qui pratiquent l'art parental favorisant l'attachement acceptent mieux le comportement de leur enfant. En plus d'augmenter votre sensibilité, vous développerez votre tolérance à l'égard de cet enfant exigeant et épuisant. Vous devrez d'abord avoir des attentes réalistes par rapport au comportement de votre enfant au lieu de le comparer aux autres bébés. Votre enfant ne se comporte pas comme l'enfant du voisin, parce qu'il n'est pas l'enfant du voisin. Cette acceptation du comportement de votre enfant évoluera progressivement et vous permettra de vous concentrer davantage sur les aspects positifs de son tempérament. Cette attitude se développe à force de travailler à modifier les aspects négatifs du comportement de l'enfant et à en accentuer les aspects positifs. Je me rends compte que les parents d'enfants aux besoins intenses en viennent à utiliser peu à peu moins de termes négatifs pour décrire leur enfant. Le bébé imprévisible, insatiable et insatisfait devient graduellement un enfant stimulant, intéressant, curieux, éveillé, confiant et brillant. Certaines étiquettes, notamment celle d'être épuisant et exténuant, semblent demeurer accolées à l'enfant aux besoins intenses, parce qu'il est un enfant au-dessus de la moyenne et exige de ses parents plus d'énergie. J'ai remarqué que les mères qui, non seulement ont survécu mais se sont épanouies grâce à leur bébé aux besoins intenses, semblent retrouver un « second souffle » environ tous les six mois. Cet apport d'énergie supplémentaire leur permet de traverser les périodes particulièrement éprouvantes lorsque l'enfant passe d'une étape de son développement à la suivante.

Une discipline plus facile. Quand les parents connaissent bien leur enfant, ils ont tendance à appliquer une discipline qui se fie davantage aux élans de leur cœur plutôt que de choisir une méthode dans un livre et d'essayer très fort d'y faire adhérer leur enfant. Les parents de l'enfant aux besoins intenses semblent être capables de mieux le déchiffrer. Ils anticipent les situations qui lui attirent des ennuis et, de façon intuitive et ingénieuse, ils canalisent les impulsions de l'enfant en comportements plus acceptables. Parce que l'enfant se sent bien, il a de meilleures chances de bien se comporter. La discipline est plus facile pour les parents qui ont été en harmonie avec leur enfant parce qu'ils savent ce qui se passe dans la tête de leur enfant. Ils peuvent adapter leur façon de discipliner selon les besoins individuels de leur enfant. La discipline consiste plus à guider, à apprendre à l'enfant à agir correctement, plutôt qu'à punir les mauvaises conduites.

Profiter du bonheur d'être avec son enfant. Tous ces bienfaits vous aident à profiter davantage de la présence de votre enfant. Un des premiers objectifs de l'art parental favorisant l'attachement est de vous aider à profiter du bonheur d'être avec votre enfant. Lorsque les parents et l'enfant vivent en harmonie, ils semblent véritablement se montrer chacun sous leur meilleur jour. Toute la relation parent-enfant fonctionne à un niveau supérieur. Tous les membres de la famille apprécient être ensemble et ces sentiments positifs deviennent un atout pour affronter les défis et survivre aux pleurs.

Un modèle. Lorsque vous élevez un enfant aux besoins intenses, vous donnez l'exemple d'un style d'art parental et d'interrelation que votre enfant utilisera dans ses relations futures. Parents, n'oubliez pas que vous élevez le futur conjoint d'une autre personne, un père ou une mère en devenir. L'art parental que votre enfant apprend de vous est celui qu'il a le plus de chances d'imiter lorsqu'il deviendra un parent à son tour.

Le modèle parental peut également se transmettre aux adolescents. Un jour, ma femme et moi étions assis dans la salle familiale lorsque notre fille de neuf mois, Erin, s'est mise à pleurer dans notre chambre. Comme nous croyons qu'il est préférable de répondre immédiatement aux pleurs du bébé, nous nous sommes levés pour nous diriger rapidement vers la porte de la chambre. Au moment où nous approchions de la chambre, les pleurs ont cessé. Curieux, nous avons jeté un regard pour savoir pourquoi Erin avait cessé de pleurer et la scène que nous avons vue nous a réchauffé le cœur. Jim, âgé de seize ans à l'époque, était étendu aux côtés d'Erin, la caressant et la consolant. Pourquoi Jim a-t-il fait cela ? Parce qu'il suivait notre exemple : lorsque le bébé pleure, quelqu'un doit l'écouter et lui répondre. Jim est aujourd'hui lui-même père et pédiatre et nous sommes très heureux et fiers de la façon dont il prend soin de sa femme, de ses enfants et de ses patients. Le mérite ne nous revient pas entièrement, mais nous savons que nous y sommes pour quelque chose.

RÉFÉRENCES

Geber, M. 1958. The psycho-motor development of African children in the first year and the influences of maternal behavior. *J Soc Psychol* 47:185.

Thomas, A. et al. 1968. *Temperament and Behavior Disorders in Children.* New York: New York University Press.

Chapitre 13

L'histoire de Jonathan

Voici l'histoire de Jonathan, un enfant aux besoins intenses qui s'en est bien tiré, et de ses parents Bob et Nancy, qui ont réussi à survivre à ces premières années difficiles. Voici le témoignage de Nancy :

« J'étais si emballée lorsque j'ai appris que j'étais enceinte. J'avais "vécu ma vie", étudié et voyagé. J'étais maintenant prête à m'établir pour élever une famille. De façon générale, ma grossesse a été un grand bonheur, mais il y a eu des périodes où je me sentais ambivalente à l'idée d'avoir un enfant. J'avais toujours voulu un enfant et une partie de moi en était ravie. À d'autres moments toutefois, je me sentais désemparée, anxieuse et j'avais le sentiment d'être piégée. Deux ans auparavant, j'avais vécu une fausse couche et je craignais que cela ne se reproduise. Il m'était difficile d'imaginer qu'il y avait un vrai bébé au bout de tout cela. Je crois que toutes ces émotions ont contribué à me faire sentir incompétente face à ma grossesse et mon accouchement. J'avais peur et je me sentais impuissante.

Bob et moi avions décidé qu'il fallait nous engager l'un envers et l'autre ainsi qu'envers l'idée d'avoir une famille. Nous devions accepter, en fait, notre futur rôle de parents, nous préparer à vivre les évènements tels qu'ils se présenteraient et consentir à des sacrifices si nécessaire. Nous avons pris tous deux cet engagement et, à ce jour, nous le respectons encore.

Autour du quatrième mois de grossesse, Jonathan a commencé à bouger et à faire des culbutes. Je savais que j'avais un petit très actif, mais je ne me rendais pas compte que toute cette activité était prémonitoire. J'ai remarqué que le bébé réagissait aux bruits, à mes activités physiques et à mon propre stress en donnant de violents coups de pied. De fait, chaque fois que j'utilisais la machine à additionner au bureau où je travaillais, il donnait des coups si fort que je devais cesser cette activité.

À l'instar de nombreuses femmes enceintes, je lisais tous les livres sur les bébés que je pouvais trouver. Bob et moi nous étions inscrits à des cours prénataux et nous pratiquions fidèlement les exercices quotidiens. À mesure que la date prévue de l'accouchement approchait, j'étais de plus en plus anxieuse face à la naissance. J'avais lu des livres et vu des émissions de télévision où des femmes mouraient (ou semblaient mourir) en accouchant. Ma mère m'avait dit que le travail était la chose la plus douloureuse, la moins naturelle qu'elle ait jamais vécue. Je n'en pouvais plus d'entendre toutes ces histoires d'horreur.

Mon travail a été traumatisant, il y a eu des complications et le tout s'est terminé par une césarienne. À cause de cette complication médicale, Bob m'a confié plus tard qu'il avait d'abord éprouvé du ressentiment envers ce petit être qui avait amené sa femme si près de la catastrophe. Il a dû faire des efforts délibérés pendant la période d'attachement au bébé, une période sur laquelle nous nous étions renseignés et que nous avions planifiée. Il savait que nous ne pourrions plus jamais revivre ces moments-là. Même si mon accouchement ne s'était pas déroulé comme nous l'avions espéré, j'ai pu tenir Jonathan dans mes bras dans la salle de réveil, moins d'une demi-heure après sa naissance. J'ai commencé immédiatement à l'allaiter et, avec l'aide de Bob, Jonathan a passé beaucoup de temps avec moi à l'hôpital pendant que je me rétablissais de la césarienne. Bob et moi avons réfléchi depuis sur ces premiers jours passés ensemble, en famille. Nous croyons qu'ils ont été d'une grande importance pour nous aider à nous attacher à Jonathan et à surmonter notre déception de l'accouchement.

Notre première nuit à la maison ne s'est pas du tout déroulée comme je l'avais prévu. Je suppose que Jonathan avait décidé qu'il était temps d'entreprendre ma formation. Je m'attendais naïvement à avoir un horaire pour les tétées, comme à l'hôpital, mais Jonathan était évidemment d'un autre avis. Je ne comprenais pas pourquoi il ne restait pas endormi quand je le déposais dans son berceau. Malgré mon désarroi, j'étais décidée à ne pas laisser pleurer mon bébé. Nous avons donc passé la nuit ensemble sur le sofa du salon où je me suis endormie en allaitant Jonathan. Lorsque je me suis réveillée, quatre heures plus tard, j'étais encore assise dans la même position avec mon bébé en sécurité dans mes bras. J'étais horrifiée de m'être endormie en le tenant dans mes bras, mais j'étais également inquiète qu'il commence à préférer dormir avec moi plutôt que d'apprendre à dormir dans son lit. Je n'avais pas remarqué que, après avoir passé ces heures paisibles dans mes bras, il était suffisamment calme pour que je puisse le déposer dans son berceau.

Ce scénario s'est poursuivi durant les premières semaines et j'ai commencé à me rendre compte que Jonathan avait plus d'exigences qu'un nouveau-né normal. J'étais déconcertée de constater que mon bébé refusait de demeurer seul dans son lit et qu'il avait constamment besoin de téter. Intellectuellement, j'étais prête à allaiter mon enfant mais, au point de vue émotif, je n'étais pas sûre de vouloir m'asseoir et allaiter toute la journée et toute la nuit. Quelqu'un m'avait dit que les tout jeunes bébés ne faisaient que manger et dormir. Le mien ne faisait que manger. Je rêvais de biberons, surtout la nuit. Jonathan se portait bien, mais, moi, je dépérissais. Bob disait que je ne survivais que grâce aux hormones. L'allaitement m'a franchement aidée. Il m'a forcée, moi la frotteuse compulsive, à m'asseoir avec Jonathan chaque fois qu'il voulait téter.

En plus de téter sans arrêt, Jonathan avait toujours besoin d'être en mouvement. À six semaines, il ne se satisfaisait plus de simplement demeurer dans mes bras. Il ne se calmait pas à moins d'être pris, promené, bercé ou emmené en voiture. Au retour de Bob du travail, nous promenions notre fils à tour de rôle. Bob le berçait pendant que je dormais. Jamais je n'aurais survécu sans lui.

Mes amies me répétaient sans cesse que ça finirait par passer. Ça n'a pas été le cas. Au contraire, les pleurs de Jonathan sont devenus encore plus intenses. J'étais particulièrement frustrée du fait que ce qui était efficace pour le réconforter un jour, ne l'était plus le lendemain. Certains jours, rien ne pouvait le satisfaire. Il ne trouvait pas toujours consolation auprès de nous, mais nous étions mieux que rien. Il m'arrivait de me demander si je devais céder et le prendre. Mais, alors que je pensais : "Cesse de pleurer et je vais te prendre.", Jonathan semblait dire : "Prends-moi et je cesserai de hurler." Au cours de ces périodes où il s'accrochait à moi, il me regardait comme pour me dire : "Fais quelque chose !" En tant que parent, c'était une situation très frustrante pour moi.

Ma formation d'enseignante en développement de l'enfant me poursuivait. Le premier stade du développement psychosocial chez l'enfant, selon Erik Erikson, est celui de la confiance versus la méfiance. Jonathan apprendrait à faire confiance à son environnement ou à s'en méfier à divers degrés. Même si nous ne pouvions pas toujours soulager les malaises de Jonathan, nous pouvions au moins le prendre et le bercer et lui faire savoir que nous nous soucions de lui. Il ne se calmait pas toujours, mais il apprenait du moins à avoir confiance.

Je me sentais prisonnière. Je ne pouvais rien faire sans avoir Jonathan avec moi et personne d'autre que moi (et Bob, lorsqu'il était à la maison) ne pouvait s'en occuper. J'étais en colère contre lui parce qu'il était si difficile et puis je l'étais contre moi. J'étais déroutée et je me demandais si j'avais fait quelque chose de travers pour que mon enfant soit ainsi. J'oscillais entre le sentiment de faire quelque chose de mal et celui de savoir que ce que je faisais était bien. Pour la première fois de ma vie, je comprenais comment on pouvait en venir à maltraiter un enfant et cette pensée m'effrayait. La fatigue me rendait impatiente. Quand Bob rentrait à la maison, qu'est-ce qu'il se faisait "ramasser" s'il faisait quelque chose de travers! Il s'efforçait de calmer Jonathan du mieux qu'il pouvait. Je suis si heureuse qu'il croie au partage des aspects pratiques de l'éducation de nos enfants et non simplement à leur conception.

Au cours des premiers mois, j'ai lu tous les livres que j'ai pu trouver sur les soins aux bébés et j'ai discuté avec d'autres mères ainsi qu'avec notre pédiatre. Je trouvais peu d'information sur le bébé maussade et la plupart des conseils que je recevais ne convenaient pas à mon bébé. Lorsque Jonathan a eu quatre mois, j'étais à bout. J'étais en colère et fatiguée de lire et d'entendre dire que, à un certain âge magique, tout se réglerait, qu'il ferait ses nuits et finirait par se calmer.

Mes amies et les membres de ma famille semblaient tout aussi déconcertés par le comportement de Jonathan. Mes amies me disaient de laisser mon bébé. La Ligue La Leche me suggérait de l'emmener avec moi. Il était trop maussade pour le laisser à d'autres et trop maussade pour être emmené. En toute innocence, les femmes plus âgées, y compris ma mère, me suggéraient de le mettre simplement dans son parc et de le laisser apprendre à s'amuser tout seul. On accusait souvent mon lait. J'étais excédée d'entendre tous ces "donne-lui un biberon" et "tu n'as peut-être pas assez de lait". Certains croyaient qu'il avait des coliques et qu'elles disparaîtraient à trois mois. Les tenants du "laisse-le pleurer" et de la gardienne une fois par semaine nous sont tombés dessus, nous avertissant que nous étions en train d'élever un enfant tellement dépendant qu'il serait incapable de grandir et de prendre des décisions. Pis encore, ils nous prédisaient que Jonathan serait terriblement gâté.

À partir de ce moment-là, j'ai vraiment commencé à être sur la défensive en ce qui concernait mes aptitudes maternelles. J'en avais assez des insinuations subtiles voulant que je sois la cause de l'irritabilité de mon bébé. Je savais, au fond de mon cœur, que j'étais une bonne mère et pourtant ces conseils me dérangeaient.

La plus grande leçon que Bob et moi avons retenue a été d'ignorer les conseils habituels sur les bébés et de faire ce qui fonctionnait le mieux à ce moment-là, même si ça semblait peu orthodoxe. Tôt dans la vie de notre enfant, nous avons donc abandonné l'idée de le faire garder, de le sevrer à six mois et d'avoir des rituels faciles à l'heure du coucher.

Après avoir décidé que notre façon plutôt inhabituelle d'élever Jonathan était la bonne voie à suivre, nous avons voulu que les autres comprennent le pourquoi de nos décisions. Nous avons toutefois découvert rapidement qu'aucun sujet ne divise autant les adultes que les divergences de points de vue sur les méthodes d'éducation des enfants. Nous avons appris à choisir soigneusement nos amis et nos alliés. Il aurait été plus facile de céder et de suivre les conseils habituels, mais ceux qui les donnaient ne connaissaient pas Jonathan. C'est dans les livres de William Sears que nous avons trouvé les conseils les plus utiles et les plus catégoriques et c'est auprès de notre groupe de la Ligue La Leche que nous avons obtenu le soutien le plus précieux. Ce fut un tel soulagement de découvrir quelqu'un qui soutenait mes efforts de maternage.

Durant la première année, mon plus grand ennemi fut le manque de sommeil. À partir du moment où j'ai arrêté de rêver que Jonathan dormirait dans son lit et que je l'ai emmené dans le nôtre, nous avons tous deux mieux dormi. Jonathan et moi avons adopté les mêmes cycles de sommeil. Il se réveille généralement deux ou trois fois par nuit, mais maintenant je me réveille presque toujours une trentaine de secondes avant lui. Je l'allaite aussitôt qu'il commence à remuer et, au bout de quelques minutes, nous nous rendormons tous les deux. Il a deux ans et c'est ainsi que nos nuits se déroulent habituellement.

Règle générale, je me sens reposée le matin et je ne suis pas trop fatiguée pendant la journée. Nos nuits ne se passent pas toujours ainsi toutefois. De nouvelles dents, l'anxiété d'une séparation et des maladies bénignes déséquilibrent parfois les cycles de sommeil de Jonathan. Je sais que lorsqu'il me réveille quand je dors profondément ou qu'il se réveille quatre fois ou plus par nuit, c'est qu'il est incommodé par quelque chose. Malheureusement, ce n'est pas à quatre heures du matin que je suis la plus compréhensive. Après avoir passé la moitié de la nuit debout, j'ai de la difficulté à tenir compte des émotions de Jonathan avant ma propre fatigue. Mais je suppose que tous les parents vivent ce genre de situation à un moment ou à un autre, quel que soit l'endroit où leur enfant passe la nuit. De tous les moyens à notre disposition pour réconforter un bébé malheureux, le meilleur est sûrement de s'étendre avec lui et de l'allaiter. Le plus grand avantage, c'est que j'aime vraiment beaucoup avoir Jonathan blotti contre moi pendant la nuit. Je suis tellement contente de profiter de cette intimité unique avec mon enfant.

Après plusieurs bonnes nuits consécutives, je me sens affectueuse et pleine d'énergie et je suis heureuse de lui consacrer tout mon temps. Par contre, après quelques nuits blanches, je lui en veux, je m'impatiente facilement et je m'apitoie sur mon sort. Des pensées affolantes m'envahissent : "Il ne me laissera jamais avoir un deuxième enfant." ou "Ce manque de sommeil va me tuer !" Parfois, je ne peux rien faire d'autre que me coucher et pleurer.

Le matin, les choses ne semblent pas si pires. Lorsque je suis exténuée, la meilleure chose à faire est de simplifier ma journée en me concentrant sur nos besoins immédiats, à Jonathan et à moi. J'ai appris à demander à Bob de m'aider lorsque je suis fatiguée, à préparer le souper par exemple. Son aide est également fort précieuse lorsqu'il propose de nous sortir un peu, même si ce n'est que pour une courte promenade. Il se peut que je me sente trop fatiguée pour sortir seule, mais lorsque Bob est avec nous et qu'il prend les choses en main, je me sens ragaillardie.

J'essaie de ne pas comparer Jonathan aux autres enfants. Il est frustrant de voir à quel point tous les enfants de mes amies sont moins exigeants. Est-ce que je fais quelque chose de travers ? Ses besoins sont si grands et mon maternage si intense, que j'ai parfois l'impression que nous venons d'une autre planète. Nombreux sont ceux qui ne comprennent pas ses besoins et la façon dont j'y réponds. Nous ne sommes vraiment pas la mère et le bébé américains moyens.

Il y a un piège à tout cela, ce sont les tensions que cette forme d'art parental exerce sur notre couple. Lorsque votre enfant dort avec vous et se couche tard après une soirée mouvementée et que vous avez des journées bien remplies, jour après jour, les tensions s'accumulent de façon appréciable. Bob et moi avons tous les deux des besoins qui ne sont pas satisfaits. Je me suis convertie, du jour au lendemain, à la philosophie de l'art parental favorisant l'attachement. Bob, par contre, a mis plus de temps à comprendre pourquoi cette philosophie était si importante pour Jonathan et moi et il y a eu beaucoup de tension entre nous jusqu'à ce qu'il comprenne. Son appui a été très, très important pour moi. J'avais besoin de quelqu'un pour me protéger et prendre ma défense pendant que je m'occupais de notre bébé.

Je me sentais également coupable de négliger Bob, mais je ne pouvais faire grand-chose pour changer la situation. J'étais consciente du besoin de Bob d'obtenir un peu de temps et d'attention de moi et je le comprenais, mais j'avais l'impression de n'avoir plus rien à lui donner. Cette situation créait évidemment des tensions entre nous, mais, en général, Bob était assez patient et s'efforçait de ne pas exercer trop de pressions sur moi, ce dont je lui étais reconnaissante. Jonathan testait quotidiennement nos forces et notre engagement l'un envers l'autre. Au cours de la première année, Bob a passé plusieurs nuits sur le divan et nous étions comme deux navires se croisant dans la nuit. Jonathan exigeait tant de notre temps et de notre énergie que nous devions planifier tous nos moments d'intimité. »

Un mot de Bob

« Dans l'ensemble, je crois que l'art parental favorisant l'attachement est une pratique positive pour notre famille. Il est facile de voir à quel point Jonathan y réagit bien. Comme j'ai été élevé de façon plus conventionnelle, j'ai mis un peu de temps à adhérer totalement à cette méthode. Ma plus grande frustration est le manque d'intimité avec ma femme. Après avoir passé une journée à materner Jonathan, elle est exténuée. Après avoir été en contact étroit avec Jonathan toute la journée, elle désire avoir du temps à elle, pour lire, coudre, faire quelque chose qu'elle remet depuis longtemps ou simplement pour se reposer. La plupart de nos conversations se font à la course ou en couvrant le babillage d'un enfant enthousiaste de deux ans. Ma femme et moi avons suffisamment d'activités avec Jonathan pour que je ne me sente jamais vraiment laissé de côté comme parent. Je ne ressens pas non plus le besoin de concurrencer mon fils pour obtenir du temps de Nancy. Malgré mes frustrations, je crois sincèrement que les besoins de Jonathan sont plus importants, en ce moment, que les miens. À deux ans, Jonathan n'est pas encore capable d'assumer ses frustrations, alors que je suis capable d'assumer les miennes.

Jonathan m'a certainement aidé à développer ma patience. Je suis souvent forcé d'en démontrer plus que je ne croyais en être capable, non seulement avec Jonathan, mais également avec Nancy. La mère d'un bébé maussade n'est pas toujours la personne la plus facile à aborder, surtout après une journée particulièrement éprouvante. Aussi étonnant que cela puisse paraître, ce sens de l'engagement à l'égard de Jonathan a semblé s'étendre à notre relation de couple. Parce que nous avons dû puiser jusqu'au fond de nos réserves pour combler les besoins de Jonathan, nous avons acquis une nouvelle sensibilité et un respect renouvelé de nos forces mutuelles. L'empressement de Nancy à mettre ses propres besoins de côté pour allaiter Jonathan, où et quand il en a besoin, exerce un effet concret sur moi en tant que père et mari. Elle est une source d'inspiration lorsque j'ai l'impression qu'on m'en demande trop.

Je ne peux réconforter Jonathan comme elle le fait, mais je peux au moins la soutenir. Même si Jonathan jouit d'une attention parentale vingt-quatre heures sur vingt-quatre, il ne faut pas oublier que personne ne peut passer tout ce temps avec un enfant sans éprouver parfois de l'impatience et de la frustration. À deux ans, Jonathan est encore un enfant aux besoins intenses. Parce qu'il s'est senti bien dans sa peau tôt dans la vie, il proteste immédiatement lorsque ce sentiment de bien-être est menacé. »

De retour à Nancy

« Les choses se sont tassées un peu au cours de la deuxième année, mais la vie avec Jonathan n'était pas encore facile. Il était un peu plus heureux avec chaque nouvelle habileté maîtrisée. Le fait de marcher et de parler lui a permis de dépenser son surplus d'énergie et de s'affranchir un peu plus de moi. Petit à petit, son besoin de se faire prendre a diminué, mais il a tout de même passé bien plus de temps dans mes bras ou sur mes genoux que tout autre bébé que je connaisse. Il en est de même pour le sevrage. Il tète assez souvent, mais je vois tout de même qu'il diminue très progressivement. Je ne peux m'empêcher de remarquer les regards qui se posent sur nous lorsqu'il est au sein. Jonathan sera probablement toujours une personne très sensible, mais, au cours des derniers mois, il a appris à mieux contrôler ses réactions aux vues et aux bruits soudains. Il dort encore d'un sommeil très léger.

Que pourrais-je dire aux parents d'un bébé maussade ? Laissez-vous guider par votre instinct et soyez à l'écoute de votre bébé ! J'ai toujours cru que Jonathan pleurait pour une raison, même si j'ignorais laquelle. Plus je me fiais à ses indices ainsi qu'à mes propres sentiments et observations (au lieu de suivre les conseils des autres), plus il m'était facile de répondre rapidement à ses besoins, de l'aider à se sentir heureux et d'acquérir plus de confiance en moi comme mère.

On m'a dit un jour qu'un "bon bébé" est un bébé qui pleure et nous fait savoir ce dont il a besoin. Cette façon de voir jette vraiment un éclairage nouveau sur le bébé maussade: il pleure davantage parce qu'il a davantage de besoins !

On entend souvent dire qu'une famille ne devrait pas modifier sa routine lors de la venue d'un nouveau bébé : c'est le bébé qui devrait apprendre à s'intégrer à la famille. Rien n'est plus faux, surtout en ce qui concerne le bébé aux besoins intenses. Pour préserver l'équilibre mental de chacun, la famille doit s'ajuster afin de satisfaire les besoins de ce type de bébé, car il est incapable d'agir autrement. À la naissance de Jonathan, je ne pouvais imaginer qu'il se retrouverait, un jour, à dormir dans mon lit ou que je l'allaiterais pendant plus de deux ans. Bob n'aurait jamais cru qu'il passerait des nuits sur le divan, qu'il préparerait nos déjeuners ou qu'il irait parfois seul au cinéma. Nous avons dû apprendre à nous défaire de nos attentes irréalistes et à trouver des moyens de satisfaire les besoins de tout le monde.

Il faut savoir faire confiance pour pouvoir élever un enfant exigeant. Jonathan a plus de deux ans maintenant et souvent je me demande s'il fera ses nuits un jour, s'il apprendra à s'endormir sans téter ou s'il considérera son petit pot comme quelque chose de plus qu'un simple objet sur lequel grimper. Lorsque le doute m'envahit, je m'efforce de me rappeler qu'il a appris à marcher et à parler par ses propres moyens, lorsqu'il a été prêt, même si je craignais qu'il n'apprenne jamais à s'asseoir parce je le portais tout le temps! Il franchira sans doute toutes les autres étapes lorsqu'il sera prêt. En d'autres termes, si je fais de mon mieux pour répondre à ses besoins, il fera de son mieux pour grandir. »

Les résultats

« En toute honnêteté, je peux affirmer que le fait d'avoir un bébé maussade fut une bénédiction. Je suis contente d'avoir eu ce type de bébé. J'aurais été incapable d'affirmer ceci lorsqu'il avait six mois, mais, avec une rétrospective de plus de deux ans qui me permet de jeter un regard sur tout ce que nous nous sommes mutuellement donnés dans cette relation, je suis à même d'en constater les immenses bienfaits. Jonathan grandit et devient un enfant brillant, heureux, aventureux et affectueux. Il s'intéresse au monde qui l'entoure et consent bien volontiers à tout essayer, pourvu que maman soit tout près. Il est gentil avec les autres, il est doux et affectueux avec les bébés et montre qu'il se soucie de mes sentiments. Tout ceci peut ressembler à de la vantardise de ma part, mais je ne fais que rapporter ce que d'autres ont observé. Étonnamment, ceux-là mêmes qui avaient critiqué notre style parental au début constatent aujourd'hui les résultats.

Il y a des récompenses merveilleuses après avoir consacré tout ce temps et toute cette énergie à un bébé difficile. Dans notre cas, un bon exemple concerne la discipline. Je connais si bien Jonathan que je peux habituellement dire ce qu'il pense. Ainsi, certains moyens pour discipliner, notamment les consignes verbales, l'explication des conséquences logiques et l'exemple (le meilleur moyen de tous) deviennent des outils fort efficaces pour lui enseigner ce qu'il doit savoir sur le monde et la place qu'il y occupe. À l'occasion, il nous arrive de corriger Jonathan et de lui signifier notre désapprobation, mais il est rare que ce soit sous forme de fessée. Comme Jonathan reçoit beaucoup d'encouragements, la moindre réaction négative de notre part suffit en général à corriger la situation.

Jonathan n'est pas le seul à grandir et à s'épanouir. Je sais que j'ai beaucoup appris, à plusieurs égards, en prenant soin de lui. Je me sens plus tolérante envers les autres et bien plus patiente et compréhensive.

Ma confiance en moi, non seulement en tant que mère mais également en tant que personne, a considérablement augmenté. Prendre soin de Jonathan a été ce que j'ai fait de plus difficile dans ma vie jusqu'à présent et je suis plus portée à accepter de nouveaux défis dans d'autres domaines. J'ai toujours eu tendance à planifier trop longtemps à l'avance et Jonathan m'a enseigné à me montrer plus souple et à me concentrer sur les préoccupations immédiates, sans trop m'inquiéter du futur. (En même temps, j'ai appris qu'il valait mieux être toujours quelques pas devant lui afin de faciliter les choses.) Ce fut une expérience extrêmement satisfaisante pour moi de materner Jonathan avec toute l'intensité dont il a eu besoin. Il a satisfait mon besoin de créer et d'accomplir quelque chose de tangible et de valable. Je n'aurais jamais éprouvé cette satisfaction si je l'avais confié aux soins d'une autre personne et si j'étais retournée sur le marché du travail ou aux études.

Jonathan consent désormais à demeurer, de temps à autre, chez une de ses grands-mères pendant trois ou quatre heures de suite. Je ne le laisse pas souvent, mais, lorsque je le fais, je lui explique que je pars pour un certain temps et je lui demande si ça lui convient. Il me fait savoir qu'il comprend et que ça lui va. Il me donne une caresse et me rappelle de revenir bientôt. Je suis à même de constater qu'il n'a pas de peine à me voir partir ou à me voir revenir, je me sens donc plus à l'aise lorsque je le laisse. Il est bien plus naturel et agréable d'attendre que Jonathan soit prêt à franchir une étape de lui-même, plutôt que de suivre un malheureux horaire et le pousser à faire quelque chose pour lequel il n'est pas prêt.

Je dois avouer qu'il y a des moments où je regrette l'époque où j'étais le centre de l'univers de Jonathan. Lorsque je me sens ainsi, je lui fait une grosse caresse qu'il me rend aussitôt, interrompant son activité du moment. La plupart du temps, je suis surtout très fière de voir Jonathan grandir et se transformer en un petit heureux, affectueux et sûr de lui, particulièrement quand je pense qu'il y est arrivé par lui-même. Je n'ai fait que lui apporté le soutien dont il avait besoin.

Il est gratifiant, bien sûr, de voir les résultats d'un travail ardu, mais la plus belle récompense est d'être si proche l'un de l'autre. Jonathan et moi avons traversé bien des difficultés et nous le savons tous les deux. Ce faisant, nous avons tissé entre nous un lien sacré d'amour et de compréhension et c'est pour cela que ça en valait la peine. »

Index

À propos de la Ligue La Leche

La Leche League International a été fondée en 1956 par sept femmes qui voulaient aider d'autres mères à en apprendre davantage sur l'allaitement. La Leche League International est la plus grande source mondiale d'informations sur l'allaitement. Son action d'aide mère à mère s'étend dans toutes les régions du monde à travers un réseau de monitrices et d'animatrices accréditées.

Les mères qui communiquent avec la Ligue La Leche obtiennent des réponses à leurs questions sur l'allaitement. Elles trouvent également de l'encouragement auprès d'autres parents attentifs et désireux de répondre aux besoins de leurs bébés et de leurs jeunes enfants. Des groupes locaux de la Ligue La Leche se réunissent chaque mois pour parler d'allaitement et de sujets connexes. Les monitrices de la Ligue La Leche, qui peuvent être rejointes par téléphone, apportent information, écoute et soutien aux femmes qui désirent allaiter.

La Leche League International diffuse plus de 3 millions de publications annuellement, dont une partie traduite en 35 langues. Si vous avez aimé *Que faire quand bébé pleure?*, vous apprécierez sûrement *Être parent la nuit aussi*. Dans cet autre ouvrage, le docteur Sears aide les parents à comprendre comment et pourquoi le sommeil des bébés diffère de celui des adultes et comment l'art parental favorisant l'attachement pratiqué la nuit peut aider à prévenir le syndrome de mort subite du nourrisson (SMSN).

Pour de plus amples informations sur l'allaitement, consultez le manuel de la Ligue La Leche *L'Art de l'allaitement maternel*, un classique qui en est maintenant à sa cinquième édition française. Vous trouverez également d'autres renseignements sur l'allaitement après un an dans *Le bambin et l'allaitement* de Norma Jane Bumgarner et dans *À propos du sevrage …quand l'allaitement* se termine de Diane Bengson.

Vous pouvez commander ces livres

au Canada   Ligue La Leche
12, rue Quintal
Charlemagne (Québec) J5Z 1V9
Téléphone : 514-990-8917
Sans frais : 1-866-255-2483
Courriel : information@allaitement.ca
Site Web :www.allaitement.ca

en France   La Leche League France
Boîte postale 18
78 620 L'Étang-La-Ville
Répondeur national : 01 39 584 584
Courriel : contact@lllfrance.org
Site Web :www.lllfrance.org

à la LLLI   La Leche League International
PO Box 4079
1400 North Meacham Road
Schaumburg, IL 60173-4808 USA
Téléphone: 847-519-7730
Site Web : www.lalecheleague.org